Schwabe reflexe

Band 66

Alice Holzhey-Kunz

Emotionale Wahrheit

Der philosophische Gehalt
emotionaler Erfahrungen

Schwabe Verlag

Bibliografische Information der Deutschen Nationalbibliothek
Die Deutsche Nationalbibliothek verzeichnet diese Publikation in der Deutschen
Nationalbibliografie; detaillierte bibliografische Daten sind im Internet über
http://dnb.dnb.de abrufbar.

© 2020 Schwabe Verlag, Schwabe Verlagsgruppe AG, Basel, Schweiz
Dieses Werk ist urheberrechtlich geschützt. Das Werk einschliesslich seiner Teile
darf ohne schriftliche Genehmigung des Verlages in keiner Form reproduziert oder
elektronisch verarbeitet, vervielfältigt, zugänglich gemacht oder verbreitet werden.
Umschlaggestaltung: icona basel gmbh, Basel
Layout: icona basel gmbh, Basel
Satz: 3w+p, Rimpar
Druck: CPI books GmbH, Leck
Printed in Germany
ISBN Printausgabe 978-3-7965-3760-8
ISBN eBook (PDF) 978-3-7965-4234-3
DOI 10.24894/978-3-7965-4234-3
Das eBook ist seitenidentisch mit der gedruckten Ausgabe und erlaubt Volltextsuche.
Zudem sind Inhaltsverzeichnis und Überschriften verlinkt.

rights@schwabe.ch
www.schwabe.ch

Inhalt

Einleitung 7

Teil I: Angst – Schuld – Scham
Drei Grunderfahrungen des Menschseins . . . 13

Einleitung 13

1. Angst als emotionale Erfahrung von «Nichts» 16
2. Emotionale Erfahrung vormoralischer Schuld 37
3. Scham als emotionale Erfahrung unverhüllbarer Nacktheit 59

Teil II: Ekel – Neid – Verzweiflung
Drei elementare Verneinungen 75

Einleitung 75

1. Ekel als Ausstossung menschlicher Nichtigkeit 77
2. Das Nein des Neides gegen die Bevorteilung des Anderen 89
3. Verzweiflung als Nein zur *conditio humana* 107

Teil III: Liebe – Vertrauen – Sympathie
Wie viel Wahrheit erträgt der Mensch? 125

Einleitung 125

1.	Liebe zwischen postreligiösem Heilsversprechen und Betrug	127
2.	Vertrauen als emotionaler Schutz vor Angst, Schuld und Scham	147
3.	Sympathie für seelisch Leidende als philosophisch hellhörige Menschen	180

Anmerkungen 191

Einleitung

Das vorliegende Buch basiert auf zwei Entdeckungen, die beide die Eigenart emotionaler Erfahrungen betreffen und beide auf Sören Kierkegaard zurückgehen. Wenn Kierkegaard in seiner philosophischen Schrift *Der Begriff Angst* erklärt, die «Angst» sei «gänzlich verschieden von Furcht»[1], dann trifft er zum ersten Mal eine Unterscheidung, die eine neue philosophische Sicht auf den Menschen ermöglicht. Und wenn Kierkegaard an ebendieser Stelle auch sagt, was die Angst «ist»: nämlich «die Wirklichkeit der Freiheit als Möglichkeit für die Möglichkeit» (ebd.), dann können wir über diese Aussage nicht genug staunen, auch wenn wir noch nicht genau verstehen, was er damit meint. Was uns erstaunen muss, ist die Tatsache, dass Kierkegaard hier der Angst selbst das Vermögen zuerkennt, uns Menschen unser Frei-Sein erfahren zu lassen. Damit erhebt er die «Angst» zu einem Gefühl, das uns eine grundlegende philosophische Wahrheit über unser Menschsein erschliesst.

Das widerspricht nun völlig der vorherrschenden Sicht auf das Verhältnis von philosophischer Erkenntnis und Gefühl. Die Philosophen[2] mögen zwar gerne zugestehen, dass sie Erkenntnisse zu liefern vermögen, die bei gewissen Personen auch Angst auslösen können, aber diese Angst ist dann lediglich eine mögliche gefühlsmässige Reaktion auf eine Erkenntnis, die sich selbst dem professionellen Philosophieren als rationalem Nachdenken über das Sein des Menschen verdankt.

Bei Kierkegaard erhält die Angst selbst einen philosophischen Status, weil *sie* – und also nicht das philosophische Denken – den Menschen ursprünglich erfahren lässt, dass er als Mensch «frei» ist. Heidegger hat in *Sein und Zeit* nicht nur Kierkegaards Entdeckung bezüglich der Angst aufgenommen, sondern er hat daraus gefolgert, das Verhältnis von «Verstehen» und «Stimmung» sei generell neu zu bestimmen. Während Gefühle und Stimmungen in der traditionellen Philosophie eher ein Schattendasein geführt haben, weil man die Erfahrung beherzigte, dass starke Gefühle sich der Klarheit des reinen Denkens in der Regel hinderlich in den Weg stellen, wertet Heidegger sie enorm auf, indem er ihnen eine vom Verstehen *unabhängige* eigene «Erschliessungskraft» zuerkennt. In § 29 erklärt er rundweg: «Die beiden gleichursprünglichen konstitutiven Weisen, das Da zu sein, sehen wir in der *Befindlichkeit* und im *Verstehen*.»[3] Wichtig ist hier das Wort «gleichursprünglich», besagt es doch, dass Emotionen unabhängig und damit auch unbeeinflusst vom Verstehen auftreten und uns eine Erfahrung vermitteln können.

Dank Kierkegaards Entdeckung wechseln nun auch bei Heidegger Subjekt und Objekt der Philosophie den Ort, wenn es um bestimmte Grundgefühle geht. Während bisher und auch weiterhin in der traditionellen Philosophie ein Gefühl immer nur zum Objekt einer philosophischen Untersuchung gemacht werden kann, ist es nun die Angst, die jedem Menschen sagt, was es heisst, ein Mensch zu sein, und die also prinzipiell allen Menschen, insofern sie sich ängstigen, eine sie selbst unmittelbar betreffende *philosophische Wahrheit* eröffnet.

Kierkegaards Entdeckung bezüglich der Angst ist von Heidegger und auch von Sartre erweitert worden, indem Heidegger den philosophischen Charakter der *Schuld*, Sartre den philosophischen Charakter der *Scham* entdeckt hat. Entsprechend handelt Teil I dieses Buches von Angst, Schuld und Scham als jener Trias von Grundgefühlen, die dem Menschen unverstellt enthüllen, was es heisst, ein Mensch zu sein, und ihm dadurch eine philosophische Erfahrung vermitteln.

Heidegger hat, Kierkegaards Entdeckung der «Angst» aufnehmend, in *Sein und Zeit* klargemacht, woran es eigentlich liegt, dass die ontologische Realität der *conditio humana* primär *nur* in Emotionen und nicht auch in einem philosophischen Verständnis zugänglich werden kann. Noch ganz vorläufig angedeutet liegt dies daran, dass die Emotionen und das Verstehen dann, wenn es um die grundlegenden Seinswahrheiten geht, nicht zusammenspielen. Statt uns nur auf verschiedene Weise dasselbe zu erschliessen, erschliessen sie *je etwas anderes*: Angst, Schuld und Scham machen unser Sein in seiner *puren Faktizität* emotional erfahrbar, während uns das Verstehen das eigene Sein *in seinem Sinn* erschliesst. Das ist der Grund, warum es viele verschiedene philosophische Anthropologien gibt, in denen der Sinn des Menschseins je anders ausgelegt wird, während es immer nur dieselben drei emotionalen Erfahrungen von Angst, Schuld und Scham sind, die jedem Menschen in jeder Kultur und auch in jeder Geschichtsepoche dasselbe enthüllen: *dass* es zum Menschen als Menschen gehört, bestimmten Seinsbedingungen unterworfen zu sein, aus denen sich kein Individuum jemals befreien kann.

Auch jene Fragen, die in der Tradition der Philosophie als die «letzten», das Wesen des Menschen betreffenden Fragen gelten, sind bereits *Verstehensfragen*. Wenn aber auch die Emotionen eine Wahrheit erschliessen, dann fängt das Philosophieren nicht, wie generell angenommen, mit solchen letzten oder ersten Fragen an, sondern diese haben bereits die Funktion, uns Menschen mit *Sinn-Antworten* zu versorgen, die vor der «Angst» respektive dem, was sie enthüllt, nämlich der *conditio humana* in ihrer puren Faktizität, schützen sollen.

Wer bis jetzt diesen Ausführungen gefolgt ist, wird sich darüber wundern, dass ich mir dennoch zutraue, über emotionale Erfahrungen zu sprechen, die allem Verstehen voraus- und zugrunde liegen. Die Frage ist berechtigt und ich kann sie darum auch nur indirekt beantworten, indem ich auf die für mich zentrale Verbindung von Philosophie und Psychopathologie hinweise. Diese führt dazu, dass ich in meiner psychotherapeutischen Tätigkeit immer auch mit einem philosophischen Ohr zuhöre, während mein philosophisches Nachdenken wesentlich durch Fragen geleitet und durch Erfahrungen angespornt wird, die ich den Gesprächen mit meinen Patienten verdanke.

Wenn ich seelisch leidenden Menschen mit einem auch existenzphilosophisch geschulten Ohr zuhöre, dann höre ich in ihren Schilderungen immer Hinweise auf die nie direkt in Sprache einholbare ontologische Dimension des eigenen Seins, die man notwendig überhört, wenn man nur die konkrete Dimension des Erlebens in Betracht zieht. Es hilft nicht nur meinen Patienten, wenn ich beim Zuhören immer auch auf den philosophischen Anteil ihres Leidens achte, sondern es hilft auch mir selbst und unserer therapeutischen Beziehung, weil ich auf diese Weise *dasjenige* zu hören bekomme, was auch mich als Menschen unmittelbar angeht, weil ich genauso der *conditio humana* unterworfen bin wie sie.

Das vorliegende Buch befasst sich mit sechs weiteren Emotionen, denen im menschlichen Leben eine grosse Bedeutung zukommt. Sie werden daraufhin befragt, ob sie sich auch als *emotionale Antworten* auf jene philosophischen Wahrheiten verstehen lassen, die uns nur in der Trias von Angst, Schuld und Scham zugänglich sind.

Teil II beschäftigt sich mit den drei Emotionen *Ekel, Neid und Verzweiflung*, denen eine starke emotionale Verneinung gemeinsam ist. Von ihnen glaube ich zeigen zu können, dass sie nicht nur ganz konkret verneinen, worauf sie sich unmittelbar beziehen, sondern dass sie in und durch die Verneinung des konkreten Objekts hindurch zugleich gegen eine *ontologische Wahrheit*, die das eigene Menschsein betrifft, revoltieren.

In Teil III kommen zunächst die beiden für ein gelingendes menschliches Zusammenleben zentralen Gefühle von *Liebe und Vertrauen* zur Sprache. Auch hier versuche ich zu zeigen, dass sie nicht nur für das konkrete Leben von grosser Bedeutung sind, sondern ebenso für den zum Menschen gehörenden philosophischen Bezug zum eigenen Menschsein. Diesbezüglich Sartre folgend, schlage ich vor, sie auch als heimliche *Antworten* auf die Trias von Angst, Schuld und Scham zu verstehen, welche das Ziel verfolgen, den Menschen vor dem gefährlichen, weil desorientierenden Einbruch dieser drei Grundemotionen in seine Alltagswelt zu schützen, und damit eine wichtige Funktion im Dienste eines ungestört ablaufenden Alltags erfüllen.

Die «Sympathie», die ich am Schluss zur Sprache bringe, lässt sich hier nicht verorten. Sie nimmt vielmehr eine Sonderstellung ein, gilt sie doch seelisch leidenden Menschen, die aufgrund ihrer «Hellhörigkeit» für die «emotionale Wahrheit» am eigenen Sein *leiden*. In der Sympathie fühle ich mich als Therapeutin ihnen zugehörig als «auch ein Mensch», der ihr Los, der *conditio humana* unterworfen zu sein, teilt und also wie sie «im Grunde seines Seins sich ängstet» (SZ, S. 190).

Teil I: Angst – Schuld – Scham
Drei Grunderfahrungen
des Menschseins

Einleitung

Diese Einleitung widmet sich zunächst dem trockenen Geschäft, Begriffe und Redewendungen einzuführen, die im Folgenden immer wieder benutzt werden. Als Erstes sind die beiden Adjektive *ontisch* und *ontologisch* zu klären. Während sich alles als «ontisch» bezeichnen lässt, was Teil des konkreten Lebens und der konkreten Welt ist, ist das Adjektiv «ontologisch» hier für das reserviert, was zur *conditio humana* und somit zum Menschsein als solchem gehört. Das gilt auch für das dazugehörige Substantiv «Ontologie». Während es seit der Neuzeit für jene philosophische Grunddisziplin steht, welche nach dem Sein des Seienden fragt, wird es hier nur für meist emotionale Erfahrungen des Seins des Menschen verwendet. Damit folge ich Heideggers Verwendung dieser Worte in *Sein und Zeit*, wo die beiden Adjektive «ontisch» und «ontologisch» meist synonym mit «existenziell» und «existenzial» verwendet werden und die Ontologie des (menschlichen) Daseins auch als «Existenzialontologie» bezeichnet wird. Zum Beispiel: Die «Furcht» wird dort als ein «Modus der Befindlichkeit» ausgewiesen, der sich auf «innerweltlich Seiendes» und also auf «ontische» Gefahren richtet (SZ, S. 141); davon wird die Angst als jene

«Grundbefindlichkeit» abgehoben, in der das (menschliche) Dasein unverdeckt «vor es selbst», das heisst vor sein eigenes «Sein» gebracht ist (SZ, S. 184). Ich spreche deshalb auch von «ontologischen Erfahrungen», meine damit aber nicht so etwas wie *Denk*erfahrungen, sondern im Sinne der Existenzphilosophie rein *emotionale Erfahrungen*, welche wir insbesondere in der Angst sowie in der ontologischen Schuld und Scham machen.

Daraus lässt sich auch schon ableiten, worin sich ontische und ontologische Emotionen voneinander unterscheiden, nämlich darin, worauf sie sich beziehen respektive worüber sie uns Aufschluss geben. Von Freude reden wir meist bezogen auf konkrete Ereignisse. Sie entsteht, wenn ein erfreuliches Ereignis eingetreten ist (ich freue mich über die bestandene Prüfung) oder erwartet wird (ich freue mich auf die kommenden Ferien). Die Trauer hingegen kann sich sowohl auf etwas Ontisches wie auf etwas Ontologisches beziehen. Meist ist es ein ontisches Gefühl, das sich dann einstellt, wenn ich die traurige Nachricht erhalte, dass ein Freund von mir unerwartet gestorben ist. Wenn ich hingegen darüber traurig bin, dass der Tod letztlich unvermeidbar ist und kein Mensch diesem Schicksal entgehen kann, dann wird die Trauer zur Trauer über die Vergänglichkeit als allem Lebendigen innewohnenden Grundzug und damit zu einer philosophischen Erfahrung, die auch die eigene Vergänglichkeit trauernd anerkennt.

Wenn man im Alltag von Ängsten sowie von Schuld- und Schamgefühlen spricht, dann sind diese in der Regel auf ein konkretes Ereignis oder auf ein konkretes eigenes Tun bezogen: Man hat Angst bzw. man fürchtet sich vor einer kommenden Prüfung; man fühlt sich schuldig, weil man sich zu wenig um einen kranken Verwandten gekümmert hat, oder man schämt sich, wenn man bei einem gemeinsamen Musizieren zu viele Fehler macht. Furcht sowie (ontische) Schuld- und Schamgefühle gehören immer in einen konkreten Kontext und werden in diesem Kontext verständlich. Letzteres ist wichtig, weil es einen grossen Unterschied macht, ob sich Gefühle, so unangenehm sie auch sein mögen, im Prinzip verstehen und darum auch mitteilen lassen oder ob sie einem selbst völlig rätselhaft bleiben, weil man von (ontologischen) Emotionen erfüllt ist, für die sich kein ontisch-konkreter Anlass finden lässt.

Angst, Schuld und Scham können also doppelt auftreten, als ontische Gefühle und als ontologische Erfahrungen. Nur bei der Angst stehen uns aber in der deutschen Umgangssprache zwei synonym verwendete Worte, nämlich «Angst» und «Furcht», zur Verfügung, die eine terminologische Unterscheidung erlauben. Kierkegaard selber hat diese Unterscheidung eingeführt, indem er die von ihm entdeckte *ontologische* Erfahrung als «Angst» bezeichnet und davon die ontische «Furcht» vor konkreten Gefahren abgehoben hat (vgl. BA, S. 50). Für Schuld und Scham lässt sich aber im Deutschen keine derartige sprachliche Lösung finden, weshalb man nicht darum herumkommt, immer anzugeben, ob man von ontischen oder ontologischen Schuld- bzw. Schamgefühlen spricht.

Sobald im Folgenden von Angst, Schuld und Scham als *ontologischen Erfahrungen* die Rede ist, taucht meist auch ein anderer – ebenfalls Heidegger entliehener – Ausdruck auf: das «*nackte Dass*» des eigenen Seins respektive (synonym) das eigene Sein in seiner «*puren Faktizität*». Ein Beispiel dafür ist: In der «Angst» erfährt der Mensch, dass er als Mensch frei ist und frei zu sein hat als «nacktes Dass» respektive als «pure Faktizität» seines Existierens. Dasselbe trifft auch auf die ontologische Schuld- und Schamerfahrung zu. Da handelt es sich zwar um Grunderfahrungen, in denen wir mit der «emotionalen Wahrheit» über unser Menschsein konfrontiert sind, doch diesen Erfahrungen können wir niemals auch nur das Geringste über den «Sinn» unseres Menschseins entnehmen. Der Mensch ist dank dieser emotionalen Grunderfahrungen zwar immer schon ein philosophierendes Wesen, doch ist diese Philosophie durch einen Abgrund getrennt von dem, was wir normalerweise der Philosophie zurechnen, nämlich das Insgesamt von Sinnfragen und Sinnantworten, die sowohl das Sein der Welt wie das Sein des Menschen betreffen.

Die rein emotionale Erfahrung des «nackten Dass» des eigenen Menschseins, die Thema von Teil I ist, steht also gegen das immer nur im Sinnverstehen fassbare «Warum und Wozu». Auf die nur emotional erfahrbare Wahrheit in ihrer puren Faktizität wird in diesem Buch deshalb so viel Gewicht gelegt, weil das philosophische Verstehen für sich – ausser in der Existenzphilosophie – immer beansprucht, allein für philosophische Wahrheiten zuständig zu sein. Dieser Anspruch entspringt ironischerweise aber nicht der «Liebe zur Weisheit», sondern dem vorherrschenden Verlangen des Menschen nach Sicherheit durch Sinnorientierung.

1. Angst als emotionale Erfahrung von «Nichts»

a) Furcht und Angst

Kierkegaards Entdeckung der Angst als «grundverschieden von Furcht»

Es ist heute vor allem in der Psychologie und Psychopathologie üblich geworden, zwischen Furcht und Angst zu unterscheiden. Dazu einige Hinweise:

a) Die *Umgangssprache* benutzt beide Worte synonym. Darum kommt es auf dasselbe heraus, ob wir sagen, wir hätten vor einer kommenden Prüfung oder einem nahenden Gewitter *Angst*, oder ob wir sagen, dass wir *uns davor fürchten.* Hingegen machen wir umgangssprachlich einen klaren Unterschied zwischen «Furcht respektive Angst *vor etwas* haben» und «sich *im Ganzen furchtsam* oder *ängstlich* fühlen». Dabei wird die Furcht, weil sie auf ein Objekt bezogen ist, den gerichteten (intentionalen) Gefühlen zugerechnet, die Furchtsamkeit respektive Ängstlichkeit hingegen den Stimmungen.

b) Die Unterscheidung zwischen intentionalen Gefühlen und objektlosen Stimmungen stammt aus der *Phänomenologie.* Während ein «Gefühl» auf ein konkretes Objekt gerichtet ist, ist eine «Stimmung» objektlos. Man freut sich auf etwas oder ist traurig über etwas, während man im Ganzen so oder anders gestimmt ist, sich im Ganzen fröhlich oder aber traurig fühlt. Wenn wir jemanden als einen «ängstlichen» respektive «furchtsamen» Menschen charakterisieren, meinen wir einen Menschen, der sich schneller als üblich vor einer Gefahr fürchtet oder sich solche Gefahren nur einbildet, weil er latent immer furchtsam respektive ängstlich gestimmt ist.

c) Die psychiatrische Diagnostik der «Angststörungen» basiert auf der Unterscheidung zwischen Furcht als intentionalem Gefühl und Angst als objektloser Stimmung[4] und unterteilt die Angststörungen entsprechend in die «phobischen Störungen» (F40), die plötzlich auftretenden, aber meist nur kurz anhaltenden «Panikstörungen» (F41.0) und die «generalisierten Angststörungen» (F41.1), in denen eine «frei flottierende» oder aber überhaupt objektlose Angst über längere Zeit anhält.[5] Die umgangssprachlich bekannte «Ängstlichkeit» oder «Furchtsamkeit» gilt hingegen noch nicht als ein krankheitswertiges Symptom, ausser wenn sie so dominant wird, dass sie zu einer Lähmung des Handelns führt.

d) Furcht und Angst in der Existenzphilosophie. Liest man Sören Kierkegaards Äusserungen zum Unterschied von Furcht und Angst genau, wird sogleich klar, dass bei Kierkegaard die Angst *auch auf einen Gegenstand gerichtet ist*, wenn auch auf einen ganz speziellen, nämlich «die Wirklichkeit der

Freiheit als Möglichkeit für die Möglichkeit» (BA, S. 50). Etwas später bezeichnet er ihren Gegenstand als «ein Nichts» (BA, S. 91). Es trifft zwar zu, dass auch die von Kierkegaard entdeckte «Angst» uns – wie eine Stimmung – im Ganzen ergreift, nur hat das genau damit zu tun, dass ihr Objekt von so besonderer Art ist – eben «ein Nichts». Darunter kann man sich schwerlich etwas vorstellen. Klar ist nur, dass es sich beim Gegenstand der Angst um «*nichts*» von all dem handelt, wovor die Furcht sich fürchtet.

Wovor wir uns fürchten und wovor wir uns ängstigen

Furcht und Angst haben gemeinsam, dass sie beide zum Leben des Menschen gehören. Während die Angst aber eine uns Menschen vorbehaltene Erfahrung ist, teilen wir die Furcht mit den höher entwickelten Tieren (vgl. BA, S. 50). Die Furcht entspringt dem quasi-instinktiven Wunsch, unser Leben zu erhalten und zu bewahren. Sie hat darum auch für uns Menschen letztlich eine *biologische Funktion*. Mögen furchtlose Menschen oft bewundert werden, so kann es doch keineswegs erstrebenswert sein, furchtlos durchs Leben zu gehen. Wer die Furcht nicht kennt, verkennt *real bestehende Gefahren* und gefährdet sich damit in hohem Masse.

Die Angst hingegen dient nicht der Lebenserhaltung. Sie wurde mit gutem Grund schon im Vorwort als eine *philosophische Erfahrung* charakterisiert. Sich vor einem «Nichts» ängstigen kann nur der Mensch, weil nur er offen ist für eine Dimension jenseits von biologischer Art- und Selbsterhaltung, die Kierkegaard als die Dimension des «Geistes» bezeichnet. Die Rede von einem Nichts verliert alles Mysteriöse, wenn wir uns daran erinnern, was wir in der Einleitung zu Teil I über die unaufhebbare Differenz zwischen dem *Verstehen des eigenen Seins in seinem Sinn* und dem *emotionalen Erfahren des eigenen Seins in seinem nackten Dass* ausgeführt haben. Das «Nichts» steht für das Menschsein in seinem reinen «Dass», welches aller verstehenden Sinngebung voraus- und zugrunde liegt. Entscheidend ist nun, dass das Nichts im Sinne der puren Faktizität des eigenen Seins nicht einfach eine Vorstufe zu einem späteren Verstehen des Seins in seinem «Sinn» bildet. Weil das Verstehen *per definitionem* Sinnverstehen ist, kann es nicht in eine Dimension jenseits allen Sinns gelangen, um dem «Nichts» dann einen Sinn zu geben. Das «*Nichts*» lässt sich darum überhaupt nur emotional erfahren – und zwar unverstellt in der Trias von Angst, Schuld und Scham.

Dass wir Menschen zu unserem eigenen Sein primär einen rein emotionalen Bezug haben in den drei Grunderfahrungen von Angst, Schuld und Scham, ist eine der ganz zentralen Erkenntnisse der Existenzphilosophie und unterscheidet sie von den vielen anderen Richtungen der Philosophie, welche entweder den Menschen gar nicht als ein von Natur aus philosophierendes Wesen anerkennen oder das Verhältnis zum eigenen Sein als ein rein rationales Erkennen bestimmen.

Heidegger verwendet in *Sein und Zeit* oft das Adjektiv «nichtig» und substantiviert es auch zu «Nichtigkeit». Er verdeutscht damit die beiden Lehnwörter «negativ» und «Negativität». Das Sein des Daseins ist durchdrungen von «Nichtigkeit». Indem Heidegger das Wort Nichtigkeit einführt, stellt er klar, dass Negativität keinesfalls als «Mangelhaftigkeit» verstanden werden darf. Negativität im Sinne von Nichtigkeit steht gerade *gegen* Mangelhaftigkeit. Von Mangel spricht man dort, wo etwas fehlt, was eigentlich da sein sollte. So kann man sagen, Krankheit sei Mangel an Gesundheit. Dem Menschen fehlt aber nichts zu seiner Ganzheit, obwohl sein Sein «durch und durch von Nichtigkeit durchsetzt» ist (SZ, S. 285). Unter diese Nichtigkeit fallen zum Beispiel die Unvermeidbarkeit menschlichen Schuldigwerdens oder die unaufhebbare menschliche Verletzbarkeit und Hinfälligkeit. Beides aber gehört *wesentlich* zum Menschen, und darum gehört es auch zum Menschen, dass sich ihm die Wahrheit über sein Sein ursprünglich in Angst, Schuld und Scham erschliesst. Darin manifestiert sich in keiner Weise ein ‹Pessimismus›, sondern nur die Anerkennung der radikalen Endlichkeit menschlichen Existierens.

Im Unterschied zu Kierkegaard hat Heidegger auch gefragt, *wie* sich die Angst *anfühlt*. Denn wenn sie Kierkegaard zufolge «grundverschieden» ist von der Furcht, dann muss sie sich auch anders anfühlen. Heidegger findet die Antwort in der deutschen Redewendung: «es ist mir unheimlich zumute». Darum sagt er: «In der Angst ist einem ‹unheimlich›» (SZ, S. 188). Das Wort «un-*heim*-lich» bringt das «Heim» ins Spiel als abwesendes. Der Mensch ist weder in der Welt noch in sich selbst, etwa seinem Leib, daheim und also geborgen. Wann immer es dem Menschen «unheimlich» zumute ist, erfährt er sein eigenes Herausgesetztsein ins «Nichts der Welt» (SZ, S. 276) als sein Schicksal, im «Unzuhause» zu existieren, mag es ihm partiell auch immer wieder gelingen, sich in der Welt «einzuhausen» und sich dann für eine gewisse Zeit geborgen zu fühlen.

b) Angst vor «Nichts»

Wir wollen die «Angst vor Nichts» im Folgenden konkretisieren und zugleich differenzieren als 1) die Angst vor der Nichtigkeit menschlichen Selbstseins, 2) vor der Nichtigkeit menschlichen Frei-Seins und 3) vor dem eigenen Tod als dem alles vernichtenden Nichts.

Die Angst vor der Nichtigkeit des eigenen Selbst

Es ist eine alte Tradition, das «Selbst» des Menschen als eine substanzielle Entität zu denken, als ein vorhandenes «Etwas», das jeder in sich hat. Beliebt ist die Vorstellung vom «wahren Selbst» als innerstem Kern der Seele, das meist hinter einem «falschen» Selbst verborgen sei, das sich infolge des Drucks der sozialen Umwelt zwecks Einfügung in die bestehenden Konventionen gebildet habe.

Kierkegaard hat diese Vorstellung vom Selbst als einer inneren Entität radikal demontiert, indem er am Anfang der Schrift *Die Krankheit zum Tode* folgende Definition gibt, die mit der Frage beginnt, was der Mensch sei: «Der Mensch ist Geist. Doch was ist Geist? Geist ist das Selbst. Doch was ist das Selbst? Das Selbst ist das Verhältnis, das sich zu sich selbst verhält.»[6] Hier wird das Selbst zum blossen Selbst*verhältnis* erklärt: Statt also ein Selbst zu *haben*, das mein Eigentum ist, existiere ich als *ein Verhältnis, das sich zu sich selbst verhält*. Auch wenn man den Sinn dieses Satzes noch nicht ganz erfasst hat, so spürt man doch, dass ein Selbst, das nur noch darin besteht, sich zu sich selbst zu verhalten, im Vergleich arm und schwach ist und, statt uns etwas zu geben, eine nie endende Aufgabe für uns bereithält.

Nun ist es aber nicht eindeutig, zu wem ich mich verhalte; wenn ich mich zu mir selbst verhalte, kann ich mich doch entweder zu mir selbst *als dieser individuellen Person* XY verhalten oder aber zu mir *als Menschen in seinem Menschsein*. Das erste Verhältnis lässt sich als «*ontisch*» bezeichnen, das zweite hingegen als «*ontologisch*» oder «*philosophisch*». Jeder hat irgendwelche Vorstellungen von sich selbst als dem konkreten Individuum, das er ist, jeder hat irgendein Bild von seiner individuellen Eigenart und Geschichte und glaubt in der Regel auch, er wisse selbst am besten, wer er sei. Dass auch dieses ontische Wissen um sich selbst als dieses konkrete Individuum «durch und durch von Nichtigkeit durchsetzt» ist, wissen wir spätestens seit Freuds konkretem Nachweis der Aktivität des Unbewussten. – Das philosophische Verhältnis zu sich selbst als Menschen ist jenes Verhältnis, das sich zu sich selbst *als Verhältnis* verhält. Hier geht es um die emotionale Erfahrung des «Nichts im Selbst», wobei sich die radikale Nichtigkeit genau darin manifestiert, dass das Selbst keine in sich geschlossene Entität, sondern nur ein *Verhältnis* ist. Wenn das Selbst nichts als das Verhältnis zwischen «Ich» und «Mir» ist, dann besteht immer schon ein Riss zwischen Ich und Mir, was heisst, dass die Einheit mit mir selbst immer schon in die Brüche gegangen ist. In diesem «Riss» zwischen Ich und Mir, der sich auf keine Weise mehr schliessen lässt, sitzt das «Nichts» und damit auch die «Angst», was vor allem Sartre sehr klar herausgearbeitet hat.[7]

Fassen wir zusammen: Für das menschliche Selbst ist es charakteristisch, niemals mit sich eins werden zu können, weil es als «Selbstverhältnis» existiert. Dieser Bruch im Selbst ist wiederum kein «Mangel», den der Mensch besser nicht hätte, bildet er doch die Grundlage für jegliche Selbsterfahrung und Selbsterkenntnis. Dennoch kann der Mensch, der nach Halt und Orientierung verlangt, diesen Bruch nur als ein Negativum erfahren, das ihn zutiefst verunsichert und das er darum durch die Vorstellung des Selbst als einer kostbaren inneren Entität ersetzt.

Angst vor der Nichtigkeit der eigenen Freiheit

Der Existenzphilosophie wird oft mit Hinweis auf Jean-Paul Sartre der Vorwurf gemacht, einen unzulässig verabsolutierten Freiheitsbegriff zu vertreten. Es soll uns hier nicht beschäftigen, wie ein solches Fehlurteil zustande kommt, hingegen wollen wir verstehen, inwiefern uns die pure Tatsache ängstigt, *dass* wir als Menschen «frei» sind, *dass* wir diese Freiheit folglich zeitlebens (ausser in der schweren Demenz) nicht verlieren und *dass* wir auch nicht freiwillig auf sie verzichten können. Denn das ist die These der Existenzphilosophie: Dass sich uns die Wahrheit, als Mensch «frei» zu sein, ursprünglich nur in der Angst enthüllt. Und Sartre konnte nur deshalb formulieren, der Mensch sei zur Freiheit «verurteilt» (*condamné*), weil die Freiheit, die uns immer bleibt, weil sie zu uns als Menschen gehört, uns zugleich viel und oft sogar zu viel zumutet. Diese Freiheit hat also, das können wir schon vorwegnehmen, nichts mit der märchenhaften Freiheit der unbegrenzten Wunscherfüllung zu tun. Auch die menschliche Freiheit kann, eben weil sie durch und durch menschlich ist, auch nur durch und durch «nichtig» sein.

Fragen wir also, worin die Nichtigkeit der Freiheit besteht. Ich erwähne hier vier wichtige Momente. *Erstens* ist die menschliche Freiheit konkret immer «*Freiheit in Situation*» (SN, S. 895). Sartre meint damit, dass die jeweiligen Freiheitsmöglichkeiten, die ein Individuum hat, wesentlich bestimmt sind durch die konkrete Situation, in der es sich befindet. Ein körperlich gesunder Mensch hat *per se* mehr und auch ganz andere Möglichkeiten der Lebensgestaltung als ein schwer kranker oder schwer behinderter Mensch, ein junger mehr und ganz andere als ein alter Mensch. Jeder Mensch ist konkret also immer nur so frei, als es der ihm vorgegebene Freiheitsspielraum erlaubt. Zur jeweiligen «Situation» gehören sowohl äussere wie auch innerseelische Bedingungen. Die äusseren Bedingungen sind ökonomischer, sozialer und politischer Art. Je ärmer also jemand ist, je niedriger sein sozialer Status und je unfreier die herrschenden politischen Verhältnisse sind, umso enger ist sein Freiheitsradius. Daraus folgt, dass zwar jeder Mensch frei ist, konkret aber der Freiheitsradius für Menschen so eng sein kann, dass es fast wie Hohn wirkt, noch von Freiheit zu sprechen. – Die inneren Bedingungen bestimmen, wie weit jemand den objektiv bestehenden Freiheitsspielraum für sich nutzen kann oder auch will. Es gibt bekanntlich Menschen, die sich der Tatsache, etwas frei bestimmen zu können, gar nicht gewachsen fühlen und es darum vorziehen, sich nie aus kindlicher Abhängigkeit von den Eltern zu lösen oder sich in die Abhängigkeit von geschlossenen Gruppen zu begeben. Diese Menschen kommen in einem autoritär geführten Staat auch besser zurecht als in einer freiheitlichen Demokratie.

Zweitens ist die menschliche Freiheit immer *Freiheit der Wahl.* Jede Wahl zwingt uns aber einen *Verzicht* auf. Man mag es zwar als grossen Fortschritt der Moderne in Richtung Freiheit des Einzelnen feiern, dass jeder und jede zumindest im Prinzip den eigenen Beruf und den künftigen Lebenspartner selbst wählen darf. Dieser Fortschritt hat aber einen hohen Preis. Der erste ist die Zumutung, durch die Wahl der einen Möglichkeit *nolens volens* auf alle anderen Möglichkeiten, die auch zur Wahl standen, verzichten zu müssen. Der zweite ist die «Schuld», die ich durch jede eigene Wahl auf mich lade. Diese wird im folgenden Kapitel thematisiert. Hier bleiben wir bei dem, was uns an der Freiheit ängstigt, und also beim Verzicht. Darum redet man häufig von der «Qual der Wahl». Dass jede Wahl Verzicht bedeutet, ist eine bittere Wahrheit, die uns immer wieder fassungslos macht. Wie soll man denn fassen, dass man vorher mindestens noch zwei und oft sogar noch eine Fülle von Möglichkeiten hatte, um nach der Wahl mit nur einer Möglichkeit Vorlieb nehmen zu müssen. Jede Wahl macht darum immer auch ärmer. Denn gewählt ist gewählt. Man mag sich auch nochmals umentscheiden können, aber nicht beliebig oft, will man nicht in einen Stillstand hineingeraten. Es kann darum nicht erstaunen, dass die pure Tatsache, dass man nicht um eine Wahl herumkommt, die nachher verbindlich ist, manche Menschen zur Verzweiflung treibt.

Drittens kann sich jede Wahl früher oder später als Fehlentscheid herausstellen, weil wir zur Zeit der Wahl ihre Folgen noch gar nicht vorhersehen konnten. Die Gefahr, dass man später verzweifelt ausruft: Oh hätte ich doch damals eine andere Wahl getroffen, ist also immer gegeben. Kommt hinzu, dass ein eigener Fehlentscheid gerade darum so schwer zu verkraften ist, weil man niemand anderen dafür verantwortlich machen kann. Noch schlimmer wird es, wenn die Suppe, die man sich durch die Wahl eingebrockt hat, nicht nur von einem selbst ausgelöffelt werden muss, sondern auch andere, die rein gar nichts mit dieser Wahl zu tun hatten, die negativen Folgen des eigenen Entscheides mitzutragen haben – beispielsweise die gemeinsamen Kinder. Darum die oft zu beobachtende Tendenz, unzählige ent-schuldende Erklärungen dafür zu suchen, warum man damals nach bestem Wissen und Gewissen so und nicht anders entschieden habe, welche von der zu schweren Last der Verantwortung entlasten sollen.

Viertens hört die Situation, selbst vor eine Wahl gestellt zu sein und also wählen zu müssen, nie auf, solange ich noch bei Bewusstsein bin. Sartre hat diese Tatsache in den provokativen Satz gekleidet, «*dass mir nichts geschieht, was nicht gewählt ist*» (SN, S. 859). Damit stösst er einen tatsächlich zunächst vor den Kopf, und zwar deshalb, weil man doch nicht bestreiten kann, dass es sogenannte «Geschehnisse» gibt, die einen Menschen passiv treffen, die ihm ohne eigenes Zutun einfach widerfahren. Sartre würde dem nicht widersprechen. Er will damit nur auf jenes Moment hinweisen, das nie fehlt, wenn uns ein Geschehnis widerfährt und wir nachher noch bei Bewusstsein sind oder wieder dazu erwachen. Dann nämlich nehmen wir unweigerlich irgendwie dazu Stellung. Und diese Einstellung dazu ist nun wiederum unsere Wahl, denn man kann sich zu allem so oder anders einstellen. Sartre bringt das Beispiel eines Gefangenen. Er ist gewiss nicht frei, das Gefängnis durch eine offene

Türe zu verlassen, wenn es ihm beliebt, und er ist auch nicht frei, heimlich auszubrechen. Hingegen ist der Gefangene «immer frei, auszubrechen zu versuchen» (SN, S. 837). Dieser Versuch ist dann seine Wahl: Er wählt, Pläne zu schmieden für einen möglichen Ausbruch, statt die Resignation zu wählen oder im Gefängnis Texte zu schreiben wie Jean Genet usw. Auch an diesem Beispiel lässt sich zeigen, dass in der Tat die Einstellung des Gefangenen zu all dem, was ihm im Gefängnis widerfährt, seinen Gefängnisalltag wesentlich mitbestimmt.

Sartre bringt als radikalstes Beispiel die eigene Geburt (vgl. SN, S. 954). Nun ist zwar die Geburt immer schon seit längerem vorbei, bis man überhaupt in der Lage ist, selber zu realisieren, dass man auf die Welt gekommen ist und durch wen. Auch hier ist es Sartre klar, dass niemand wählt, ob er auf die Welt kommen will oder nicht, wohl aber wählt jeder nachträglich seine *Einstellung* zum Faktum, geboren zu sein, wobei sich diese Einstellung im Laufe des Lebens ändern kann. Auch dagegen lässt sich nicht argumentieren: tatsächlich hat jeder die Wahl, sein Geborensein nachträglich zu bejahen oder zu verneinen; jeder kann nachträglich – sei es Gott oder den Eltern – dafür dankbar sein, dass sie ihm das Leben geschenkt haben, oder sie im Gegenteil dafür anklagen. Für beides ist er verantwortlich, ebenso für die Absicht, diesem Leben, das er nie gewählt hat, selbst ein Ende zu setzen. Damit sind wir bei der letzten Freiheit, die zum Menschen als Menschen gehört, nämlich den ‹Freitod› zu wählen und auch zu vollziehen. Auch diese zutiefst menschliche Wahlmöglichkeit erschliesst sich uns ursprünglich in der Angst, sind wir doch bezüglich unseres Lebens im Ganzen in einem Masse frei, das uns überfordert. Denn so stark der unmittelbare Drang sein mag, dem unerträglich gewordenen Leben zu entfliehen, so schlecht kann man zweierlei vergessen: dass noch ein Leben auf dieser Welt auf einen warten würde, das auch besser sein könnte als das bisherige, und dass man selbst nicht abschätzen kann, wie viel Leid man gewissen Menschen durch einen Suizid bereitet. Darum meldet sich oft der Wunsch, sterben zu können, ohne den Tod selbst herbeizuführen.

Angst vor dem Tod als dem alles vernichtenden Nichts

Heidegger fasst in *Sein und Zeit* das menschliche Existieren als ein «Sein zum Tode». Damit will er klarmachen, dass der Tod nicht als jenes Ereignis aufzufassen ist, mit dem das Leben einmal enden wird, sondern dass er immer schon, nämlich *von Anfang an*, gegenwärtig ist, insofern er dem Leben jederzeit ein Ende setzen kann. Heideggers besondere Leistung sehe ich darin, in den Paragraphen über den Tod zwischen der *Furcht vor dem Tod* und der *Angst vor dem Tod* zu unterscheiden. Wenn wir üblicherweise von Todesangst reden, meinen wir in der Regel die Todesfurcht. Tatsächlich haben wir aber ein zweifaches Verhältnis zum Tod, obwohl die Furcht vor dem Tod vorherrscht. In der Todesfurcht beziehen wir uns auf den Tod als das konkrete Ereignis, das mir oder anderen droht, weshalb wir uns davor *fürchten*. Die Furcht gehört der Dimension des Verstehens an, die Angst hingegen dem Menschsein in seiner nackten Faktizität. Das gilt nun auch für die Todesfurcht im Unterschied zur Todesangst. Wenn wir uns vor dem Tod *fürchten*, dann fürchten wir uns davor, dass er zu früh kommen könnte, oder davor, dass es ein sehr schmerzhafter Tod sein könnte, oder davor, dass wir ganz allein sterben müssen und niemand davon Kenntnis nehmen wird, oder wir fürchten uns davor, nach dem Tod vor das göttliche Gericht gestellt zu werden, oder aber im Gegenteil davor, dass es damit wirklich ganz zu Ende sein könnte usw. Diesen konkreten Tod – sei es der eigene oder derjenige nahestehender Personen – fürchtet jeder als individuelle Person. Wenn sich dieselbe Person vor dem Tod *ängstigt*, dann ängstigt sie sich als Mensch vor nichts als der puren Tatsache, dass es den Tod gibt und dass er auch sie selbst jederzeit treffen kann. Das nackte Dass des Todes, dem auch ich nicht entgehe, ist schlechthin unfassbar, übersteigt unser Vorstellungsvermögen. Gerade darum ist es zutiefst unheimlich.

Fassbar wird der Tod immer nur als der *konkrete* oder individuelle Tod von anderen. Gespräche über den Tod kreisen entsprechend immer um das Wann und Wie und Warum eines Todesfalles. Über die verschiedenen Formen des Todes und auch Nahtoderlebnisse gibt es unzählige Bücher, denn unser Bedürfnis, das Rätsel des Todes irgendwie zu lüften und damit sowohl die Angst als auch die Furcht zu minimieren, ist gross.

Heidegger nennt den Tod, vor dem wir uns ängstigen, «das Nichts der (jederzeit) möglichen Unmöglichkeit der Existenz» (SZ, S. 266). Das «Nichts» steht gegen ein vorstellbares Nachher, gegen einen Neuanfang, steht gegen den Tod als blossen Übergang in ein anderes, gar ewiges Leben.

Fassen wir zusammen: *Die Angst vor dem Tod ist die emotionale Erfahrung, im Tod selbst dem Nichts überantwortet zu werden.* Das ist ebenso unbegreiflich wie emotional unerträglich. Bei Tolstoi finden wir dieses Zusammengehen von «Wissen» um den Tod und «Unbegreiflichkeit» grossartig formuliert: «In seinem tiefsten Innern wusste Iwan Iljitsch, dass er sterben müsse, allein er wollte sich nicht nur nicht an diesen Gedanken gewöhnen, sondern konnte ihn einfach nicht begreifen, *die nackte Tatsache nicht begreifen.*»[8]

c) Die gängige Flucht vor der Angst in Verstehen und Verständigung

Das menschliche Dasein ist zunächst und zumeist auf der «Flucht» vor der Angst, weil die in der Angst erfahrene Bedrohung unfassbar und ebendarum unerträglich ist (vgl. SZ, S. 184). Weil diese Flucht sogar die primäre Reaktion auf die Angst darstellt, bezeichne ich sie hier als ‹normal›, um anzudeuten, dass diese Flucht nicht nur gängig ist, sondern auch Normalität ermöglicht. Das Wohin dieser normalen Flucht vor der Angst ist das Verstehen. Weil das Wort «Verstehen» aber vieldeutig verwendet wird, spricht Heidegger vom «*Verfallen an das Man*» und meint das in einer Gesellschaft kollektiv geteilte Verstehen, jenes «öffentliche» Verständigt-Sein über Gott und die Welt, das alles beinhaltet, was «man» denkt und sagt und was sich im *Common Sense*, an dem jedermann teilhat, niederschlägt.

Nun ist zwar der Wunsch, der Angst zu entfliehen, gut nachvollziehbar, ein mögliches Gelingen dieser Flucht hingegen nicht, wenn doch die Angst wesentlich zum Menschen gehört und man sich selbst nicht entkommen kann. Damit ist ein wichtiger Einwand erwähnt, und es wird uns später noch ausgiebig beschäftigen, wie man sich diese Flucht ins Verstehen genauer vorzustellen hat.[9] In der Tat kann der Mensch sich nicht wirklich selbst entkommen, aber er kann sich – wie uns wiederum Freud drastisch vor Augen geführt hat – über sich selbst täuschen. Die Flucht ins Verstehen *ist* Flucht in die Selbsttäuschung.

Fragen wir uns also, wie wir der Angst mittels Selbsttäuschung entkommen können. Eine wichtige von verschiedenen möglichen Antworten lautet: Indem wir die «Angst» zu einer «Furcht» umdeuten. Das heisst: wir schreiben der Angst, die sich ja wie eine starke Furcht anfühlt, ein konkretes Objekt zu und machen sie dadurch zur Furcht – allerdings nicht zu einer ganz gewöhnlichen Furcht, die wir meist leicht ertragen, sondern zu einer «existenziellen» Furcht, das heisst zur Furcht vor einer Gefahr, von der wir uns im Ganzen bedroht fühlen, die wir aber verstehen, weil diese Gefahr Teil der konkreten Welt ist, in der man als individuelle Person lebt.

Versuchen wir uns nun vorzustellen, wie sich die «Angst vor Nichts» als eine «Furcht vor einem existenziellen Etwas» manifestieren kann: 1) Die Angst vor dem *Nichts im Selbst*, das uns Menschen jede Einheit mit uns selbst verwehrt, kann sich zum Beispiel als existenzielle Furcht davor, nicht wirklich zu wissen, wer man selbst ist, manifestieren; 2) die Angst vor dem Nichts in der Freiheit kann sich als existenzielle Furcht davor, dem Leben und seinen normalen Anforderungen nicht gewachsen zu sein, manifestieren; 3) die Angst vor dem Tod als Nichts kann sich als furchterfüllte Vorahnung, früh sterben zu müssen, oder aber als existenzielle Furcht, das Leben nicht genug zu nutzen, manifestieren.

Der Gewinn der *Umdeutung der Angst in existenzielle Furcht* ist gross. Erstens wird jede Bedrohung, die man sich vorstellen kann, für einen fassbar; zweitens ist jede Bedrohung als vorstellbare auch *mitteilbar*, weshalb andere an der eigenen Furcht Anteil nehmen können; drittens kann man auf eine konkrete Gefahr immer reagieren, kann versuchen, sie zu besiegen oder ihr zu entkommen. Zudem wissen oft andere von ähnlichen Erfahrungen mit dieser Gefahr zu berichten, sodass man von deren Wissen profitieren kann.

Existenzielle Befürchtungen sind häufig, und sie lassen sich auch meist mit einem ‹normalen› Alltag vereinbaren. Dennoch ist diesen Befürchtungen anzumerken, dass in ihnen die «Angst» wirksam ist. Ein gutes Beispiel dafür sind die Verarmungsängste finanziell gutsituierter Personen, welche die Wiederkehr der Angst im Gewande der ontischen Verarmungsfurcht sichtbar werden lassen. Dasselbe gilt auch für Epidemien, die nicht nur reale Befürchtungen wecken, sondern sich gut eignen, die immer latent bestehende Angst vor dem Tod als Nichts in sich aufzunehmen. Darum ist es angesichts solcher Epidemien sowohl für die Bevölkerung wie für die Politiker schwierig, einen kühlen Kopf zu bewahren und zwischen berechtigten Vorsichtsmassnahmen und ‹kopflosen› Reaktionen zu unterscheiden.

Ein ‹normaler› Alltag ist ein Alltag, der dank der herrschenden Umdeutung der Angst in existenzielle Befürchtungen vor dem unerwarteten Einbruch der reinen Angsterfahrung geschützt ist. Nur dank diesem Schutz kann sich überhaupt ein ‹normaler› Alltag ausbilden und funktionieren, der aus Selbstverständlichkeiten und Gewohnheiten besteht, die wir zum grossen Teil mit den anderen derselben Gruppe und Kultur teilen. Heidegger bezeichnet darum die Existenzform der Alltäglichkeit als «seinsberuhigt», was dasselbe meint wie «angstberuhigt» (SZ § 38; S. 177). Auf einen möglichst angstfreien Alltag sind die meisten von uns meistens angewiesen, um unsere Kraft und Aufmerksamkeit für die konkreten Lebensanforderungen frei zu haben, die sich uns täglich stellen.

Wenn wir einen Blick auf die vormoderne Zeit werfen, dann fällt auf, dass dort die existenziellen Befürchtungen vor allem religiöser Art waren: Die Angst vor der Freiheit erschien im Gewande der Furcht vor dem Teufel und seinen Versuchungen sowie in der Furcht vor der Strafe Gottes wegen sündiger Gedanken und Taten; die Angst vor dem Tod als Nichts meldete sich in der Furcht vor Fegefeuer und Hölle nach dem Tod. Auch solche Befürchtungen wirkten insofern im Vergleich mit der «Angst» beruhigend, als sie einen Namen hatten und als man als Gläubiger auch wusste, was man tun konnte, um diese Gefahren wenigstens zu mildern; die Angst vor dem Nichts im Selbst wandelte sich einerseits in die beruhigende Gewissheit, dass Gott mich durch und durch kennt und weiss, wer ich bin, auch wenn ich selbst das Gefühl habe, mir entfremdet zu sein, oder aber in die Furcht, wegen meiner Sündhaftigkeit von Gott mit einer Geisteskrankheit bestraft worden zu sein.

d) Seelisches Leiden an Angstsymptomen als Leiden an Angst vor «Nichts»

Wenn ich hier und auch in den zwei folgenden Kapiteln den Begriff «Leiden» verwende, dann übernehme ich die hermeneutische Verwendung dieses Begriffs von Sigmund Freud, der seelisches Leiden als ein «Leiden an Reminiszenzen»[10] fasste. Spricht man hingegen im Gebiet der Medizin und auch der Psychiatrie von Leiden, dann benutzt man das Wort entweder synonym mit «Krankheit» oder meint damit das subjektive Erleben, das einem objektiven Krankheitsbefund zugehört. Entsprechend sind wir es auch gewohnt zu sagen, jemand leide an einer Neurose oder an einer psychosomatischen Störung oder an einer Psychose usw. Wenn hingegen Freud erklärt, der Neurotiker «leide an Reminiszenzen», dann verwendet er den Begriff «Leiden» statt im medizinischen Sinne eher in jenem Sinne, den wir auch in der Umgangssprache meinen, wenn wir beispielsweise sagen, jemand leide immer noch an der Trennung von seiner Frau oder er leide seit langem an einem ihm zugefügten Unrecht. Wer in diesem Sinne «leidet», kommt über das, was ihm widerfahren oder angetan wurde, nicht hinweg, mag auch noch so viel Zeit seither vergangen sein; er kann es nicht vergessen und nicht verschmerzen. In ebendieser Weise leidet für Freud auch der Neurotiker, wenn er «an Reminiszenzen» leidet. Als «Reminiszenzen» bezeichnet Freud Erinnerungen, die dem Neurotiker nicht mehr als Erinnerungen zugänglich sind, weil sie schon in der Kindheit ins Unbewusste verdrängt wurden. Mit dieser Definition von Neurose verabschiedet sich Freud von allem naturwissenschaftlichen Ursachendenken: es geht ihm nicht um den Nachweis, dass die Ursachen neurotischer Störungen in der frühen Kindheit liegen, sondern um den Nachweis, dass der Neurotiker emotional noch an das, was sich in früher Kindheit zugetragen hat, gebunden ist, weil er es emotional nicht verschmerzen kann, mag es auch noch so lange her sein und er sich bewusst längst nicht mehr daran erinnern.

Ich übernehme diesen hermeneutischen Leidensbegriff Freuds, auch wenn ich das, wovon der Neurotiker nicht loskommt und deshalb daran leidet, nicht primär in der kindlichen Vergangenheit suche, sondern in seinem Verhältnis zum eigenen Menschsein. An der Angst zu «leiden» meint dann, in der Form des Leidens an das fixiert zu sein, was die Angst dem Menschen über das eigene Sein enthüllt. Allerdings muss ich den Anspruch, vom Leiden an der Angst zu reden, relativieren, erwähne ich hier doch nur jenes Leiden an der Angst, das sich in Angstsymptomen manifestiert. Das aber ist, wie wir in späteren Kapiteln sehen werden, keineswegs zwingend.

An der «Angst» *leiden* kann nur, wer ihr ausgesetzt ist. Dazu gehören Menschen, welche an der kollektiven Flucht vor der Angst ins Verstehen *nicht* partizipieren.[11]

Hellhörigkeit als Auszeichnung und Überforderung

Der folgende Versuch, krankheitswertige Angstsymptome[12] existenzphilosophisch von der «Angst» her zu verstehen, geschieht in Bezugnahme auf die beiden Begriffe der «*Hellhörigkeit*» und des «*Agierens*».[13] Wer an Angstsymptomen leidet, zeichnet sich durch eine besondere «Hellhörigkeit» aus, die er allen Personen, welche an der kollektiven Flucht vor der Angst ins Verstehen partizipieren, voraushat. Weil diese Hellhörigkeit die Bedingung dafür ist, überhaupt Angstsymptome zu entwickeln, *haben alle Angstsymptome einen wahren philosophischen Kern.* Kierkegaard scheint an jener berühmten Stelle über die Angst als «Schwindel der Freiheit» diese Hellhörigkeit im Blick zu haben, wenn er sagt: «Man kann die Angst mit einem Schwindel vergleichen. Wer in eine gähnende Tiefe hinunterschauen muss, dem wird schwindlig. Doch was ist die Ursache dafür? Es ist in gleicher Weise sein Auge wie der Abgrund – *denn was wäre, wenn er nicht hinuntergestarrt hätte?*» (BA, S. 72, kursiv von mir). Die Hellhörigen werden vom Schwindel der Angst ergriffen, weil sie aufgrund ihrer Hellhörigkeit respektive Hellsichtigkeit nicht anders können, als selbst in den Abgrund hinunterzustarren, statt die Augen davon abzuwenden. Aus diesem Grunde scheint es mir legitim, hellhörige Menschen als «Philosophen wider Willen» zu bezeichnen.[14] Doch diese besondere Offenheit hat ihren Preis. Das unfreiwillige Er-leiden der Angst hat eine *traumatische Qualität*, weil sich die philosophische Erfahrung der Angst nicht in die ‹normale› Alltagswelt integrieren lässt. Der Hellhörige kommt darum in den tiefsten menschlichen Konflikt: den Konflikt zwischen der emotionalen Erfahrung des «Nichts» im eigenen Sein als einer nicht zu negierenden Wahrheit und der verzweifelten Befürchtung, auf dieser durch und durch «nichtigen» ontologischen Basis den Anforderungen des alltäglichen Lebens nicht gewachsen zu sein. An der Angst zu «leiden» beinhaltet darum immer zugleich auch das «agierende» Bemühen, diesen unlösbaren Konflikt zu lösen.

Leiden an Angstsymptomen als agierende Verneinung der in der Angst erschlossenen Wahrheit

Auch in pathologischen Angstsymptomen verbirgt sich die philosophische Erfahrung der «Angst», nicht anders als in den existenziellen Befürchtungen. Während aber existenzielle Befürchtungen gemeinsam geteilt werden können und darum auch Teil der gemeinsamen Alltagswelt sind, wirken Angstsymptome im täglichen Leben als völlig irrational und entsprechend als Fremdkörper. Da sie sich nicht auf reale Gefahren beziehen lassen, erscheint die in den Angstsymptomen auftretende Furcht als unsinnig, und zwar oft nicht nur für die Umwelt, sondern für die Leidenden selbst. Wie soll man Phobien verstehen, die immer Reaktionen auf völlig unsinnige und doch unbezwingbare Ängste darstellen, wie etwa die panische Furcht vor Mäusen oder Spinnen? Wie soll man verstehen, dass jemand gezwungen ist, ganz ausgeklügelte Strategien zu entwerfen, um nur ja keiner Maus oder Spinne begegnen zu müssen, obwohl er mit dem Kopf weiss, dass es sich um harmlose Tiere handelt? Solche Phobien lassen sich zwar noch gut in einen funktionierenden Alltag integrieren, wohingegen eine panische Angst davor, überhaupt noch das Haus zu verlassen (sogenannte Agoraphobie), einen ‹normalen› Alltag rundweg verunmöglicht.

Schon das phobische Vermeiden bestimmter (harmloser) Gefahren gehört zum «agierenden» Moment des Leidens an der Angst. Den Begriff des «Agierens» habe ich, wie schon den Begriff des «Leidens», von Freud übernommen. Freud verwendet das lateinische Lehnwort anstelle des deutschen Wortes «Handeln», um zu sagen, dass er damit ein illusionäres Handeln meint, das für die Neurose spezifisch ist.[15]

Ich möchte eine existenzphilosophisch angeleitete Deutung von Angstsymptomen abschliessend an der Hypochondrie noch etwas differenzierter darstellen. Werden Befürchtungen um die eigene Gesundheit als «hypochondrisch» eingestuft, gelten diese als real unbegründet, und entsprechend gilt in der herrschenden medizinisch-psychiatrischen Beurteilung als «Hypochonder», wer körperlich «gesund», hingegen seelisch «krank» ist.

Ob wir nun fragen, *worin* der *wahre philosophische Kern* dieser manifest unsinnigen Befürchtungen liegt, oder ob wir fragen, *wofür* der Hypochonder *hellhörig* ist – wir meinen damit dasselbe. Wer ständig von der Furcht gequält wird, er sei lebensgefährlich erkrankt, ist hellhörig für die ontologische Wahrheit, *dass* wir Menschen aufgrund unserer Leiblichkeit prinzipiell *krankheitsanfällig sind* und deshalb in der Tat *jederzeit* vom Tod ereilt werden *können*. Darin liegt der wahre Kern der hypochondrischen Ängste. Der Hypochonder «leidet» an der «Angst» aufgrund seiner Hellhörigkeit für die ontologische Wahrheit, dass der eigene Körper jederzeit vom Tod bedroht ist. Er *erleidet* also eine philosophische Erfahrung, ohne sie wirklich zu «machen», weil er ihr völlig unterliegt, statt sie als Erfahrung auszuhalten und damit auch ihre Wahrheit anerkennen zu können.

Das «Agieren» des Hypochonders besteht nun darin, seinen Körper ständig auf mögliche Anzeichen einer Erkrankung hin abzuhorchen und abzuspüren. Darin liegt eine Gleichsetzung der ontologischen Wahrheit, dass der menschliche Körper *prinzipiell krankheitsanfällig* ist und darum jederzeit auch unter bestimmten Bedingungen erkranken *kann*, mit dem *aktuell-konkreten Zustand des eigenen Körpers*, der jetzt und immer erneut wieder als von einer tödlichen Erkrankung bedroht wahrgenommen wird. Der Hypochonder kann niemals eines Besseren belehrt werden, weil er aufgrund seiner Hellhörigkeit auch weiss, dass tatsächlich die meisten tödlich verlaufenden Erkrankungen sich zuerst einmal mit einem harmlos scheinenden Symptom melden – wie etwa ein Hirntumor durch einen plötzlichen Kopfschmerz. Sein agierendes Beobachten und Abtasten seines Körpers hat den Sinn, bereits die allerersten Anzeichen einer möglichen Erkrankung zu erkennen und dadurch gleichsam der Krankheit zuvorzukommen.

Der Hypochonder klagt meist erbittert über die Ärzte, die ihn nicht genügend ernst nehmen und auf diese Weise willentlich seinen frühen Tod riskieren würden. Darin zeigt sich, dass der Einbruch der Angst vor dem Tod als Nichts es ihm verunmöglicht, die ontische Realität seines Körpers noch angemessen wahrzunehmen. Der illusionäre Wille des Agierens zielt darauf, durch absolute Wachsamkeit im Ontischen die körperliche Krankheitsanfälligkeit als solche unter seine Herrschaft bringen zu können. Von diesem illusionären Willen kann der Hypochonder deshalb nicht lassen, weil ihm die ontische Furcht, die ihn beherrscht, wenigstens die Chance gibt, *selber aktiv* zu werden, während er der ontologischen Angst nur passiv ausgeliefert wäre. Was er erreichen will, ist also aussichtslos, aber doch gut nachvollziehbar: Er möchte erreichen, dass er sich in seinem Körper *zuhause* und damit auch *geborgen* fühlen kann, um dank dieser «Heilung» das Leben mit «guten» statt «nichtigen» Voraussetzungen anpacken zu können.

2. Emotionale Erfahrung vormoralischer Schuld

a) Ontische und ontologische Schuld[16]

Während die Unterscheidung von Angst und Furcht heute, wenn auch nur in verwässerter Form, oft gemacht wird, ist eine analoge Unterscheidung bezüglich des Schuld- und des Schamgefühls ganz unüblich. Einzig die Existenzphilosophie geht davon aus, dass auch diese beiden Gefühle ontisch-ontologisch doppeldeutig sind, während der Common Sense beide Gefühle nur als ontische kennt, die jemanden bei spezifischen Vorkommnissen von sich selbst sagen lassen: ich fühle mich für etwas, das ich gedacht oder getan habe, schuldig, respektive: ich schäme mich wegen einer Blösse, die ich mir im Beisein von anderen gegeben habe. Davon sind – ganz analog zur Angst vor «Nichts» – auch ein Sich-schuldig-Fühlen und ein Sich-Schämen wegen «Nichts» abzuheben. Sobald ihr Objekt ein «Nichts» ist, handelt es sich bei beiden Gefühlen um philosophische Erfahrungen, die uns emotional Schuld respektive Nacktheit vor dem Anderen erfahren lassen, die zum Menschen als Menschen gehören. Als philosophische Erfahrungen menschlicher Seinsbedingungen stehen sie der Angst sehr nahe und bilden mit ihr zusammen eine Trias.

Bei den Gefühlen von Schuld und Scham kommt uns allerdings die Umgangssprache nicht mehr mit zwei synonym benutzten Worten zu Hilfe, die man für eine definitorische Unterscheidung verwenden könnte. Deshalb bleibt uns nichts anderes übrig, als jedes Mal anzugeben, ob wir nun von ontischer oder von ontologischer Schuld respektive Scham sprechen.

Eine klare Trennung zwischen ontischer und ontologischer Schuld findet sich philosophisch nur bei Heidegger: «Seiendes, dessen Sein Sorge ist, kann sich nicht nur mit faktischer Schuld beladen, sondern *ist* im Grunde seines Seins schuldig» (SZ, S. 286). Dass dieses Schuldig*sein* seinem Range nach der Angst ebenbürtig ist, kommt auch in den fast gleichlautenden Beschreibungen zum Ausdruck: So wie das Dasein «im Grunde seines Seins sich ängstigt» (SZ, S. 190), so «ist» das Dasein «im Grunde seines Seins schuldig». Heidegger setzt Schuld allerdings nicht mit Schuldgefühl gleich. Er spricht bewusst nur vom Schuldigsein als ontologischem Sachverhalt mit der Begründung, dass die Schuld auch da sei ohne jegliches «Schuldbewusstsein» (SZ, S. 286).[17] Das ist zweifellos der Fall, rechtfertigt aber nicht, die ontologische Schuld*erfahrung* deswegen einfach unberücksichtigt zu lassen, dafür spielt sie, wie wir sehen werden, schon im Alltag eine viel zu grosse Rolle.

Diesbezüglich am bekanntesten ist der jüdisch-christliche Mythos von der sogenannten «Erbsünde», die der ganzen Menschheit bis ans Weltende wegen des anfänglichen «Sündenfalls» von Adam und Eva aufgebürdet ist, die trotz Gottes Verbot den Apfel vom Baum der Erkenntnis assen. Sigmund Freud erzählt einen analogen Anfangs-Mythos von der «Urhorde»: Weil der Urvater alle Frauen für sich beanspruchte, verbündeten sich seine Söhne gegen ihn und ermordeten ihn, um die Frauen unter sich aufteilen zu können. Auch für Freud ist entscheidend, dass das damals begangene Verbrechen am Vater nicht einfach vergangen und vorbei ist, sondern ein «die ganze Menschheitsentwicklung riesengross überschattendes Ereignis» geblieben ist.[18] – Beide Mythen weisen darauf hin, dass es ein kollektives Wissen um eine andere, ursprünglichere «Schuld» gibt, die sich in Schuldgefühlen meldet, die nichts mit einer aktuellen Verfehlung zu tun haben. Die Mythen haben die Funktion, für solche unerklärlichen Schuldgefühle wegen «Nichts» eine sinngebende Erklärung zu geben.

Wir bleiben zuerst bei der ontisch-konkreten Schuld, um nachher die ontologische Schuld von ihr abzuheben. Erstere meldet sich im sogenannten «schlechten Gewissen». Das «schlechte Gewissen» ist emotionaler Art: Man «fühlt sich schlecht», weil man etwas Unrechtes getan hat. Zumeist versteht man, warum sich das schlechte Gewissen gemeldet hat, so wie man meist versteht, warum man sich vor «Etwas» fürchtet. Das schlechte Gewissen meldet sich, wenn man real oder auch nur vermeintlich gegen eine der geltenden moralischen Regeln, die sagen, was «gut» und was «böse» ist, und entsprechend, was man tun darf und was nicht, verstossen hat. Weil das schlechte Gewissen ein quälendes Gefühl ist, will man es vermeiden, indem man zu tun unterlässt, was als moralisch böse gilt. Während das «schlechte Gewissen» sich nachträglich einstellt, ist eine gewisse Furcht, sich schuldig zu machen, immer da, die sogenannte Gewissensfurcht, die vormodern als «Gottesfurcht» bezeichnet wurde, hat doch Gott die Zehn Gebote erlassen und wacht auch über deren Einhaltung. Diese spezifisch moralische Furcht vor *möglichen* eigenen Verfehlungen als einer ständig drohenden Gefahr kann je nach individueller Disposition und nach kultureller Situation sogar wichtiger werden als die Furcht vor konkreter Lebensgefahr.

Furcht und moralisches Schuldgefühl haben noch mehr gemeinsam als nur, dass sie Teil des konkreten Lebens und als solche versteh- und mitteilbar sind. *Erstens* hat auch das moralische Schuldgefühl eine wichtige Funktion im Leben des Einzelnen: Während die Furcht der biologischen Funktion des Überlebens dient, hat das Schuldgefühl die *soziale Funktion*, ein friedliches Zusammenleben mit anderen zu fördern. Weil viele Menschen sich fürchten, durch unmoralisches Verhalten die soziale Anerkennung zu verlieren, bemühen sie sich, die geltenden moralischen Regeln selbst auch einzuhalten, denn ein «gutes Gewissen» ist, wie man weiss, ein «sanftes Ruhekissen». *Zweitens* sind beide Gefühle für Täuschungen anfällig. So wie wir uns vor rein imaginären Gefahren für Leib und Leben fürchten können, so können wir uns auch wegen bloss eingebildeter moralischer Verfehlungen schuldig fühlen; und so wie sich real bestehende Gefahren verleugnen lassen, so auch moralische Verfehlungen, weshalb man sich auch unschuldig fühlen kann, obwohl man moralische Schuld auf sich geladen hat. Psychologisch lassen sich entsprechend zwei gegensätzliche Einstellungen zur Schuld unterscheiden: eine hypermoralische, die solche Menschen in ständiger Furcht vor möglicher Schuld leben lässt, und eine völlig amoralische, die sich in mangelndem Schuldgefühl und moralischer Skrupellosigkeit äussert.

Wenn wir nun *Angst und ontologische Schulderfahrung* ins Spiel bringen und beide mit Furcht und schlechtem Gewissen vergleichen, dann fallen zwei Unterschiede ins Gewicht. Beide haben *keine Funktion* im Dienst des Überlebens oder des Wohllebens, und beide sind nicht täuschungsanfällig. Dies deshalb, weil uns beide nur je grundlegende Bedingungen des eigenen Menschseins in seinem nackten Dass erschliessen. Es ist auffällig, dass der Mensch, obwohl Produkt der Evolution, für eine Wahrheit aufgeschlossen ist, die ihm keinen biologischen oder sozialen Nutzen bringt – sogar im Gegenteil: Sie stellt in beiderlei Hinsicht eine Gefährdung dar. Heidegger spricht darum von der «Seinslast», die dem Menschen unabhängig von und zusätzlich zu den ontischen Belastungen aufgebürdet sei (vgl. SZ, S. 134).

b) Die Unausweichlichkeit ontologischer Schuld

Die unvermeidbare Schuld in jeder Wahl

Das tägliche Leben geht zwar meist seinen gewohnten Gang. Das ist entlastend, weil uns jede feststehende Regel und jede Gewohnheit einen Entscheid erspart, den wir sonst zu fällen hätten: wann wir aufstehen, ob wir uns duschen, ob und, wenn ja, was wir frühstücken, ob wir heute überhaupt zur Arbeit gehen und, wenn ja, wann und für wie lange usw. Doch es bleibt immer noch genug zu entscheiden, im Kleinen wie im Grossen. Wir haben bereits im Kapitel über die Angst den beängstigenden Charakter *jeder* Wahl herausgestellt. Im Zentrum stand dort der unvermeidliche Verzicht, den uns jede Wahl aufzwingt, und das Nicht-wissen-Können, ob die im Moment favorisierte Wahl auch halten wird, was wir von ihr erhofften. Jetzt greifen wir das Phänomen der Wahl nochmals auf, um zu zeigen, dass *jede* Wahl auch mit *Schuld* verbunden ist. Falls sich das glaubhaft begründen lässt, kann es sich dabei nur um eine ontologische Schuld handeln, weil eine ontische Schuld zwar immer möglich ist, aber keineswegs immer begangen wird.

Nun zeigt sich schnell, dass die unvermeidliche Schuld in jeder Wahl sogar doppelter Art ist. *Zum einen* liegt in der puren Tatsache, dass zu wählen heisst, *eine* der verfügbaren Möglichkeiten auszuwählen und folglich allen anderen eine Absage zu erteilen, die erste unvermeidliche Schuld. Sie besteht den nicht gewählten Möglichkeiten gegenüber, die man dadurch um ihre Chance der Verwirklichung bringt. Diese Schuld vergrössert sich noch, weil niemand, der eine Wahl trifft, wissen kann, was er dadurch an kostbaren Potenzen vernichtet. *Zum anderen* liegt im Faktum, dass sich die Wahl nie von selbst vollzieht, sondern je von einem Einzelnen aktiv getroffen werden muss, die zweite ontologische Schuld. Jede Wahl ist ein «*Ich* wähle». Zur Wahl kommt es nur dann, wenn man selbst bereit ist dazu. Man wählt darum nie nur das eine oder das andere, sondern man wählt immer zugleich, selbst eine Wahl zu treffen. Auch für diese «*Wahl der Wahl*», die ebenfalls nicht vermeidbar ist, macht sich jeder schuldig, denn wer hat ihm erlaubt, sich zum Wählenden zu erküren? Es ist immer nur er selbst, der sich damit das Recht dazu nimmt, das ihm von nirgendwoher zugestanden ist – kurz, der sich selbst zur Wahl ermächtigt. Wirft man einen Blick in die vormoderne Zeit, dann findet sich dort genau an dieser heiklen Stelle eine höhere, meist göttliche Instanz, die den Menschen – wenn überhaupt – zum freien Wählen ermächtigt. Heute in nachreligiöser Zeit hingegen gehen die Fragen «*Darf* ich wählen?» und «*Wer* gibt mir die Erlaubnis?» ins Leere beziehungsweise fallen auf einen selbst zurück und machen eine Selbstermächtigung unausweichlich. *Dieser Akt der Selbstermächtigung wird als (ontologische) Schuld erfahren.* Wie tief das Gefühl sitzt, mit der Selbstermächtigung einen illegitimen Akt zu vollziehen, hat der Komiker Karl Valentin in den Satz eingefangen: «Mögen hätt' ich schon wollen, aber *dürfen* hab' ich mich nicht getraut.» Dieser Spruch hat deshalb so viel Anklang gefunden, weil er ausspricht, was viele Menschen emotional erfahren, ohne es selbst in Worte fassen zu können.

Die Schuld in jeder Handlung

Das Handeln gehört grundlegend zum Menschen. Hannah Arendt stellt sich in ihrem Buch *Vita activa* dem Thema «Was wir tun, wenn wir tätig sind» und unterscheidet dabei zwischen Arbeit, Herstellen und Handeln.[19] Wir fragen hier nur nach dem, was wir immer tun, wenn wir handeln, um auf diese Weise der unausweichlichen Schuld, die wir mit jeder Handlung begehen, auf die Spur zu kommen. Im Kapitel über die Angst wurde nur das Wählen thematisiert, obwohl auch alles Handeln mit Angst verbunden ist. Damit sollten unnötige Wiederholungen vermieden werden. Denn jene Angst, die zu jeder Handlung gehört, ist im Wesentlichen *Schuldangst*.

Man versteht die Handlung meist als jenen Akt, mit dem das Individuum eine bereits getroffene Wahl *verwirklicht*. Das ist für Kierkegaard das Entscheidende und zugleich das Ungeheuerliche jeder Handlung. Mit einer Handlung greife ich in die Wirklichkeit ein, trage also bei zu ihrer Veränderung, denn mit jeder Handlung kommt etwas Neues in die Welt. Man stockt unweigerlich bei der Vorstellung, dass ich als dieses vereinzelte Individuum mit meiner eigenen Handlung in die objektive Wirklichkeit eingreifen und damit eine Veränderung in der Welt bewirken soll. So aber bestimmt Kierkegaard das Handeln, denn durch ein Handeln wird etwas, was vorher nur erst *möglich* war, *wirklich*. Handeln aber kann immer nur der Einzelne. Das ist der Grund, warum Kierkegaard gegen Hegel und sein «logisches System» den *Einzelnen* in seine Philosophie einführt. Es gibt weder ein allgemeines Subjekt noch so etwas wie einen Weltgeist, der irgendetwas bewirkt. Wirkung hat immer nur der Einzelne. Hinzu kommt ein weiteres entscheidendes

Moment, das diesen Gedanken noch radikalisiert: Es sind nicht irgendwelche Motive, die den Einzelnen dazu bewegen zu handeln. Die Motive haben bei der Wahl eine Rolle gespielt, zur Verwirklichung hingegen können sie nichts mehr beitragen, denn der Handelnde weiss ja, was er verwirklichen will, es geht nur noch darum, es zu tun. Dafür führt Kierkegaard überaus treffend den Begriff des «Sprungs» ein und erklärt, jede Handlung sei ein «Sprung». Handelnd springe ich aus der Dimension des «Möglichen» in die Dimension des «Wirklichen».

Kierkegaard nimmt Hegels Begriff des *Übergangs* auf und erklärt, dass es einen solchen Übergang zwischen dem Möglichen und dem Wirklichen nicht geben kann (BA, S. 59). Zwischen beidem klafft vielmehr ein Abgrund, der Abgrund des «Nichts». Die Wahl gehört noch zur Seinsdimension des Möglichen, darum lässt sie sich ja auch noch revidieren. Der Sprung ist also immer ein Sprung in eine andere Seinsdimension – jene der Wirklichkeit.

Wann ist man so weit, dass man bereit ist zu springen? Was bringt einen dazu, den Sprung zu wagen? Kierkegaards Antwort lautet: es gibt kein Motiv, das dazu hinreicht. Genau das ist das Beängstigende: dass man selbst zu springen hat, um nachher ganz allein für das, was die eigene Handlung bewirkt, verantwortlich zu sein.

Die Angst vor der Handlung ist Angst vor der unvermeidlichen Schuld. Kierkegaard betont den *qualitativen Charakter* des Sprungs. Damit meint er, dass mit jeder Handlung *etwas Neues in die Welt kommt*. Nie geht es lediglich um eine quantitative Veränderung im Sinne eines Mehr oder Weniger von etwas, was schon war. Und nie betrifft die *qualitative Veränderung*, die ich bewirke, nur mich selber, sondern immer trifft sie auch andere, ohne dass ich diese Wirkung abschätzen oder gar kontrollieren könnte. Die Handlung ist immer jener Moment, in dem jeder Handelnde auf sich selbst zurückverwiesen ist als derjenige, der sich *das Recht herausnimmt*, in die Welt einzugreifen, und dadurch in einem doppelten Sinne schuldig wird.

Erstens ist das Handeln ein *reiner Akt der Freiheit*, denn eine aufgezwungene Handlung lässt sich nicht mehr als Handlung bezeichnen. Den freien Akt zu vollziehen bedeutet darum, ihn auch zu *bejahen*. Diese Bejahung ist wiederum durch nichts begründet, was bedeutet, dass wir, den Akt bejahend, uns selbst das Plazet geben. Hier geht es wieder um jenes «Dürfen», das Karl Valentin so treffend paradox formuliert hat, weil da niemand mehr ist wie in religiöser Zeit, der die Macht hat zu sagen: «du darfst», sondern jeder nur sich selbst die Erlaubnis geben kann. Diese *Selbstermächtigung* weckt eine weit tiefere Schuldangst als jene der Wahl. Denn jetzt gebe ich mir das Recht, nicht nur für mich selbst zu bestimmen, was ich will, sondern handelnd in die Welt und damit auch in das Leben anderer einzugreifen.

Hinzu kommt nun die Schuld an den «qualitativen» Folgen jeder Handlung. Auch das ist eine unheimlich-beängstigende Tatsache, gehen doch auch jene Folgen auf das eigene Schuldenkonto, die in keiner Weise beabsichtigt waren. Als Handelnde werden wir immer zu *Tätern, die auch an dem schuld sind, was wir durch unser Handeln unbeabsichtigt auslösen*. Eine Handlung ist nie einfach rückgängig zu machen, denn kaum ist der Akt der Handlung vollzogen, gehört er schon der Vergangenheit an, und in die Vergangenheit lässt sich prinzipiell nicht mehr eingreifen. Was wir getan haben, wirkt nun weiter in Gegenwart und Zukunft, und diese Wirkungen können wir nur manchmal und meist auch nur partiell durch korrektive Handlungen beeinflussen.

Wir handeln in der Regel, um etwas Bestimmtes zu erreichen, und vergessen deshalb nur zu gerne, dass wir damit auch Folgen lostreten können, die wir nicht beabsichtigt haben. Für diese (unbeabsichtigten) negativen Folgen, die durch das eigene

Handeln entstehen und andere betreffen, wird man zwar meist weder rechtlich noch moralisch behaftet, weiss sich aber trotzdem als *schuldig*. Der niederländische Psychiater und Psychoanalytiker Piet Kuiper hat während der Zeit seiner schweren Depression erklärt, «das Wesen der Zeit» sei «untilgbare Schuld»,[20] weil wir weder rückgängig machen können, was wir früher getan haben, noch verhindern können, dass das Getane auch in Zukunft noch Folgen generiert, die andere zu tragen haben.

Die Schuld in der Existenz als solcher

Heidegger und Sartre erwähnen zu Recht eine noch grundlegendere ontologische Schuld, die nicht mehr ans menschliche Handeln geknüpft ist, sondern an die pure Tatsache des eigenen Daseins: *dass* ich überhaupt auf dieser Welt bin, statt nicht da zu sein. Heidegger hat dafür den Begriff der «Geworfenheit» eingeführt, wobei entscheidend ist, dass dieser Terminus keinen transzendenten (religiösen) Werfer impliziert, sondern eine *nicht mehr hintergehbare letzte Gegebenheit* meint: *dass* wir als Einzelne ins Dasein «geworfen» sind, ohne dass es dafür einen zureichenden Grund gäbe, aus dem sich diese Tatsache legitimieren liesse. Zwar sind wir Menschen immer gezeugt und geboren worden, doch handelt es sich hier um zufällige Gründe, welche die Tatsache des eigenen Existierens niemals legitimieren können. Deshalb ist es unvermeidlich, dass jeder Einzelne durch die pure Übernahme des eigenen Lebens, die ja eine Bejahung impliziert, schuldig wird, da diese Selbstbejahung ein eigenmächtiger Akt ist, dem jede Rechtfertigung durch eine höhere, legitimierende Instanz fehlt.

Sartre geht über Heidegger hinaus, indem er die basalste Schuld, die darin liegt, überhaupt da statt nicht da zu sein, daran festmacht, in eine Welt geworfen zu sein, die bereits von *an-*

deren bevölkert ist: «Was auch unsere Handlungen sein mögen, wir führen sie in einer Welt aus, wo es schon den andern gibt und wo ich in Bezug auf den andern *zu viel* bin. Aus dieser besonderen Situation scheint der Begriff Schuld und Sünde herzurühren» (SN, S. 714f.). Die Tatsache des eigenen Geworfen-Seins in die *Welt der anderen* wird jetzt zur Zumutung an jene, die bereits da sind und die Welt zu ‹ihrer› Welt gemacht haben. Hier muss jeder für sich einen Platz beanspruchen, der nicht für ihn ‹frei› war, weshalb niemand weiss, woher er sich in einer Welt der anderen das Recht dazu nehmen soll. – Man mag es übertrieben finden, auch noch im puren Faktum, überhaupt als Mensch da zu sein, statt nicht da zu sein, und darum unweigerlich ein «Recht auf Leben» für sich beanspruchen zu müssen, eine ontologische Schuld ausmachen zu wollen. Doch gerade diese Schulderfahrung ist recht häufig und sie bestimmt auch das Leben diesbezüglich hellhöriger Menschen in hohem Masse, was ich im letzten Teil unter «Leiden an der ontologischen Schuld» noch genauer ausführen will.

c) Kulturelle Entlastungsangebote

Es gehört zur Paradoxie menschlichen Existierens, dass die uns Menschen auszeichnende Offenheit für die *conditio humana* uns zugleich überfordert. Das gilt auch für die Offenheit für die allem Handeln und der Existenz als solcher innewohnenden Schuld. Die Aufgabe, unser normales Alltagsleben deshalb möglichst vor dem Einbruch ontologischer Schuld zu schützen, erfüllt ebenfalls, wie schon bezüglich der Angst, der Common Sense. Das ist auch der Grund, warum zwar alle Menschen im Prinzip für die in Angst und ontologischer Schuld erfahrbare emotionale Wahrheit offen sind, realiter aber doch der normale Durchschnitt der Bevölkerung davon nichts weiss.

Von daher ist es verständlich, wenn sich auch bei einigen Lesern ein gewisser Widerstand gegen den hier vertretenen existenzphilosophisch-anthropologischen Ansatz meldet, kann es einem doch auch schon bei der Lektüre «unheimlich» zumute werden, wenn Angst und Schuld so eindringlich thematisiert werden. Dieser Widerstand entspringt dem ganz normalen Bedürfnis, sich gegen das «Aufwachen» der eigenen, normalerweise schlafenden Angst- und Schuldgefühle zu schützen.

Die Flucht in den Common Sense

Wir sind bereits mit dem Gedanken vertraut, dass ein normales Alltagsleben nur dann stattfinden kann, wenn der Einzelne nicht nur die Angst, sondern auch die ontologische Schulderfahrung davon fernhalten kann. Das wird möglich dank der Teilhabe am Common Sense, welcher nur die moralische Schuld gelten lässt. Von dieser spricht er in der Form allseits bekannter Sinnsprüche wie etwa: «Lügen haben kurze Beine»; «Die Sonne bringt es an den Tag»; «Ein gutes Gewissen ist ein sanftes Ruhekissen», «Gottes Mühlen mahlen langsam» oder gerade umgekehrt: «Gott straft sofort» usw.

Was aber, wenn bestimmte Menschen trotzdem im Alltag von rätselhaften Schuldgefühlen gequält werden? Wer im Common Sense verwurzelt ist, weiss, dass es am besten ist, auch solche (vermeintlich) grundlosen Schuldgefühle, nicht anders als eine grundlose Angst, zu jenen vorübergehenden Hirngespinsten zu rechnen, denen man am besten keine Beachtung schenkt. Doch solche Ratschläge helfen längst nicht immer, um die angeblichen Hirngespinste zum Verschwinden zu bringen. Schon darin zeigt sich, dass der Common Sense allein keinen Schutzwall gegen Angst und ontologische Schuldgefühle zu errichten vermag. Er bedarf selber der Fundierung in religiösen oder psychologischen Mythen.

Die Flucht in religiöse Mythen

Vom Common Sense heben sich jene explizit religiösen Mythen ab, welche die ontologische Schuld sehr wohl kennen, von ihr sogar explizit handeln, allerdings verwandelt in Sinngeschichten religiösen Inhalts, die von Generation zu Generation weitererzählt werden. *Der Mythos von der Erbsünde* ist schon erwähnt worden, weil er die Tatsache, dass wir als Menschen vor jeglichem konkreten Verschulden bereits eine Schuld mit uns herumtragen, direkt aufnimmt und zu einer religiös-moralischen Urschuld *umdeutet*, mit der die Menschheitsgeschichte ihren Anfang genommen habe. Der Glaube an eine uranfängliche Schuld, die sich jedem Menschen bis ans Ende der Tage vererbe, ist psychologisch zweifellos wirkungsvoll, steht er doch immer schon als beruhigende Erklärung bereit, wenn jemand von der ontologischen Schulderfahrung eingeholt wird. Dank dem Mythos vom Sündenfall durch Adam und Eva oder auch dem von Freud herangezogenen Mythos vom Mord am Urvater, der in jedem Kind wieder lebendig werde als der ödipale Wunsch, den Vater zu beseitigen, um die Mutter ganz für sich zu haben, erhalten die unerklärlichen Schuldgefühle unversehens eine Erklärung, die Sinn macht und zugleich entlastet.

Im Folgenden sollen noch drei weitere mythisch-religiöse Vorstellungen jüdisch-christlicher Provenienz erwähnt werden, in denen die ontologische Schuld ebenfalls durch Umdeutung in moralische Schuld bzw. in religiöse Versündigung uminterpretiert wird.

1) Neben die Erbsünde treten jene Sünden, die jeder einzelne Mensch selbst begeht. Sie kommen durch die Auflehnung des Individuums gegen Gottes Gebote zustande. Nur ein Gläubiger kann sich als Sünder verstehen. Die Umdeutung der ontologischen Schuld zu einer Sünde wider Gott ist deswegen seinsentlastend, weil sie das Unfassbare fassbar macht. Der Gläubige

versteht jetzt, dass seine Schuldgefühle aus Versündigungen gegen Gott herrühren und also berechtigt sind. Sein Sündenbewusstsein lädt dem Gläubigen allerdings eine neue Last auf. An die Stelle der Erfahrung, sich als Mensch auch ohne jegliches Fehlverhalten schuldig zu machen, tritt nun die stete *Furcht vor der Strafe Gottes* für begangene Sünden, die durch Bilder an den Wänden der Kirchen und entsprechende Indoktrination ständig neu angeheizt wird. Er wird konstant daran erinnert, was den Sünder nach seinem Tode erwartet, nämlich das göttliche Gericht, gefolgt von endlosen Höllenqualen. Die Bereitschaft der Gläubigen, diese Drohungen für bare Münze zu nehmen, entspringt auch der heimlichen Präsenz eines ontologischen Schuldgefühls, das als ein «Sich-wegen-nichts-schuldig-Fühlen» schwerer zu ertragen ist als noch so fürchterliche Vorstellungen von Teufel und Höllenqualen zusammen.

2) Genauso wichtig im Dienst der Seinsentlastung ist auch die Zuversicht des Gläubigen in Gottes Liebe und Barmherzigkeit. Während die ontologische Erfahrung eigenen Schuldigseins ohne Hoffnung ist, kann der Sünder auf die Barmherzigkeit Gottes hoffen. Doch die Hoffnung trägt noch weiter, darf doch der Gläubige auch hoffen, dass ihn Gott aus Liebe sogar vor Versündigung schützt, indem er ihn als Vater im Himmel an der Hand nimmt und sicher durchs irdische Leben führt. Gerade die dadurch gelingende Entlastung von unerträglicher ontologischer Schuld und auch Schuldangst kann nicht hoch genug veranschlagt werden, wenn man bedenkt, dass der erwachsene Mensch nicht anders kann, als zu wählen und zu handeln. Gerade in den folgenden dringlichen Appellen an Gott, wie sie etwa im Vaterunser im Satz «Herr, dein Wille geschehe, im Himmel wie auch auf Erden» oder im Kirchenlied im Vers «So nimm denn meine Hände und führe mich, bis an mein Lebensende und ewiglich» zum Ausdruck kommen, wird deutlich, wie tief das emotionale Wissen von der Schuld in je-

der eigenen Wahl und Handlung ist und wie gross die Sehnsucht, davon erlöst zu werden.

3) Als Letztes sei die mythische Vorstellung von der Gotteskindschaft der Gläubigen erwähnt. Wer darauf vertrauen kann, ein Kind Gottes zu sein, der kann auch darauf vertrauen, dass ihn Gott ins Leben «gerufen» hat und kann sich also auch darauf verlassen, berechtigterweise auf der Welt zu sein und einen Platz für sich beanspruchen zu *dürfen*. Dieser «frohen Botschaft» vom eigenen Leben als Geschenk Gottes korrespondiert beim Gläubigen die Überzeugung, als er selbst von Gott «bei seinem Namen gerufen» worden zu sein und sich darum auch «im Namen Gottes» für einen Platz in der Welt einsetzen zu dürfen, ohne sich schuldig zu machen.

Medard Boss, der in enger Zusammenarbeit mit Martin Heidegger seit Beginn der 1950er Jahre eine neue Daseinsanalyse entwickelte, hat eine modern-psychologische Schuldauffassung vorgelegt,[21] die sich als ein *psychologischer Mythos* hier einreihen lässt, weil das Auftauchen von Schuldgefühlen wegen «Nichts» ebenfalls umgedeutet wird zu einer ontisch-konkreten Schuld, und zwar zu einer existenziellen Schuld gegenüber sich selbst als individueller Person. Nach Boss handelt es sich dabei auch um eine «autochthone» statt nur anerzogene Schuld, die sich darum mit gutem Grund als Schuldgefühl meldet. Dieser Deutung liegt die Auffassung zugrunde, dass sich der Mensch immer dann sich selbst gegenüber existenziell schuldig mache, wenn er die Aufgabe, seine eigenen, in ihm angelegten Lebensmöglichkeiten in einem «offenen» und «freien» Verhalten zu verwirklichen, vernachlässige und statt dessen in anerzogenen konventionellen Verhaltensmustern stecken bleibe. Diese Schuldgefühle melden sich, um den «seelisch verkümmerten» Menschen dazu aufzurufen, sich selbst zu verwirklichen und damit die Schuld sich selbst gegenüber abzutragen. – Dieser psychologische Mythos bietet einen Ersatz für religiöse Heilsversprechen, indem er den modernen Menschen die Selbstbefreiung von Angst- und Schuldgefühlen mittels einer intensiven daseinsanalytischen Psychotherapie verspricht.

Boss bringt als Beispiel eine Frau, die am Anfang ihrer Psychotherapie immer wieder träumte, von einer Richterin wegen eines unbekannten, aber schweren Verbrechens zum Tode verurteilt zu werden, und jeweils «schweissgebadet vor Todesangst» erwachte (Boss, S. 42). Boss deutet diesen Traum so, dass diese Patientin als «verkümmertes, menschlich zurückgebliebenes Wesen» in der Tat «*das Verbrechen aller Verbrechen*» an sich selbst begangen habe (vgl. ebd., S. 51). Darum habe sich im Laufe der Therapie dieser Traum auch gewandelt, die Richterin sei immer freundlicher und zugewandter geworden, bis der Traum ganz verschwunden sei, nachdem sich die Patientin zu einer reifen, das heisst ihre eigenen Möglichkeiten frei austragenden Frau entwickelt habe.

d) Leiden an der ontologischen Schuld

Trotz aller kollektiven und individuellen Schutzmassnahmen sind heute, in einer Zeit der Pluralisierung und Individualisierung, Menschen *unfreiwillig* der ontologischen Schulderfahrung ausgesetzt und leiden deshalb an ihr.

Offenes und verdecktes Leiden an der ontologischen Schuld im Alltag

Die jetzt folgenden Beispiele aus dem Alltag machen verblüffend deutlich, wie stark die ontologische Schulderfahrung das tägliche Leben vieler Menschen prägt.

Wir beginnen mit einem besonders eindrücklichen Beispiel von Freud[22], dem «*Verbrecher aus Schuldbewusstsein*».

Diese «Verbrecher» gehören zu jenen häufigen Patienten, die an einem «drückenden Schuldbewusstsein unbekannter Herkunft» leiden. Der Wunsch, sich davon zu erlösen, kann zu den verschiedensten pathologischen Symptomen führen. Eines davon ist das Begehen einer unmoralischen Tat, um für ihr unbegründetes Schuldgefühl endlich einen realen Grund zu haben. Freud stellt fest, dass das Begehen einer realen, rechtlich belangbaren Straftat den Tätern immer eine «seelische Erleichterung» gebracht habe. – Wir haben allen Grund zur Vermutung, dass es sich hier um Menschen handelt, die «hellhörig» sind für die ontologische Dimension der Schuld und deshalb emotional ‹wissen›, dass ihre Schuldgefühle von einer realen Schuld handeln, auch wenn sie deren ontologische Natur verkennen.[23] Daraus wird ihr Drang verständlich, eine real-*ontische* Schuld zu begehen, welche ihren Schuldgefühlen einen realen Grund unterlegt und sie darum leichter ertragen lässt.

Das zweite Beispiel handelt von der sogenannten «Überlebensschuld». Der Begriff ist zwar erst seit den 1960er Jahren geläufig und wurde damals auf das Schuldgefühl von Holocaust-Überlebenden bezogen. Das Phänomen selbst tritt aber generell auf bei Menschen, die eine tödliche Bedrohung überlebt haben, der andere zum Opfer gefallen sind. Zu erwähnen sind die Schuldgefühle von Kindern, denen ein Geschwister gestorben ist; ebenso von Überlebenden eines Unfalls, bei dem andere verstorben sind, und vor allem auch bei Kriegsheimkehrern gegenüber ihren gefallenen Kriegskameraden. Bleiben wir bei den Holocaust-Überlebenden: Ihr Schuldgefühl ist zwar ontisch unmittelbar einfühlbar, auch wenn sie keine Schuld daran trifft, dass unzählige andere und oft auch die engsten Verwandten dem Morden der Nazis zum Opfer gefallen sind. Verständlich ist dieses Schuldgefühl darum, weil auch alle anderen es genauso verdient hätten, weiterleben zu können. Solange man nichts von einer ontologischen Schuld weiss, die darin liegt, überhaupt da zu sein, statt nicht da zu sein, ist diese Überlebensschuld zwar einfühlbar, ohne dass sich erklären lässt, warum sich der Schmerz über den Tod der anderen als Schuldgefühl meldet. Man wird zwar verstehen, dass die Überlebenden es ungerecht finden, dass die anderen nicht auch überlebt haben, aber nicht verstehen können, dass der Überlebende es auch ungerecht findet, dass er selbst überlebt hat, und sich darum seines Überlebens gar nicht freuen kann. Sobald man um eine ontologische Schuld weiss, kann man hingegen davon ausgehen, dass diese Menschen gerade durch die traumatisierende Erfahrung, so viele Verwandte und Freunde verloren zu haben, *hellhörig* geworden sind für die ontologische Tatsache, dass es letztlich keinen legitimen Grund dafür gibt, *dass* man selbst lebt und andere nicht, und folglich schon gar keinen dafür, dass man selbst überlebt hat, während andere sterben mussten. Sich für sein Überleben schuldig zu fühlen heisst, darum zu wissen, dass man ohne rechtfertigenden Grund selbst weiterlebt. Es erscheint darum als eitle Anmassung, das eigene Leben trotzdem zu bejahen. Genau das aber ist den Überlebenden aufgetragen, wenn sie nicht Suizid begehen wollen. Überlebende schrecken vor der Bejahung ihres Lebens zurück, weil sie dies als Hybris und zugleich als Schuld gegenüber den Verstorbenen erfahren.

Bei den nun folgenden Beispielen steht nicht mehr das Leiden an einem unerklärlichen Schuldgefühl im Zentrum, und doch wird sich zeigen, dass man das ontologische Schuldgefühl als den heimlichen Motor sei es für auffällige Verhaltensweisen oder sogar für ganze Lebenseinstellungen annehmen muss, um sie verstehen zu können.

Wieder beginne ich mit einem Beispiel Freuds, das von Menschen handelt, «*die am Erfolge scheitern* (Freud, GW X, S. 370 ff.). Freud bezieht sich dabei auf Personen, die lange auf einen Erfolg im Beruf hingearbeitet haben, um aber dann, wenn sich die Erfüllung dieses lang ersehnten Wunsches unmittelbar abzeichnet, den Erfolg selber zu torpedieren. Auch Freud sieht hier ein unerklärliches Schuldgefühl am Werk, das er seiner Theorie zuliebe wieder auf die ödipale Schuld zurückführt. Uns interessiert hingegen, ob es sich auch hier um Menschen handelt, die «hellhörig» sind für die ontologische Schuld. Macht ein eigener Erfolg ontologisch schuldig? Ein Patient von Freud begründet sein selbstdestruktives Verhalten damit, dass er dieses Erfolgs «unwürdig» sei (ebd., S. 371). Dieser persönlichen Einschätzung widersprechen allerdings die guten Leistungen und die allgemeine Anerkennung durch die Kollegen. Den meisten unter uns ist das geflügelte Wort «Ich weiss, dass ich nichts weiss» vertraut, das schon in römischer Zeit Sokrates zugeschrieben wurde. Wer für die ontologische Wahrheit, dass jedes menschliche Wissen «durch und durch nichtig» ist, hellhörig ist, diese aber *tel quel* auf seine konkrete Leistung im Beruf anwendet und damit ontologische und ontische Wahrheit verwechselt, muss vor dem Eintreten des Erfolgs aus Angst, sich ontologisch schuldig zu machen, zurückschrecken. Die ontologische Schuld würde darin liegen, eine begehrenswerte Stelle zu besetzen und diese somit ebenfalls dafür geeigneten anderen Menschen unrechtmässig vorzuenthalten.

Das zweite Beispiel betrifft *überdurchschnittlich schüchterne Menschen.* Als «schüchtern» gilt, wer am liebsten unauffällig im Hintergrund bleibt, wer sich meist schon entschuldigt, wenn er einen Raum betritt, in dem sich bereits andere aufhalten, und wer nur dann wagt, sich auf einen Stuhl zu setzen, wenn er sich vorher exakt vergewissert hat, dass er noch frei ist, und auch dann jederzeit bereit ist, ihn wieder für einen später Kommenden freizugeben. Meist wagen diese Menschen auch nicht, aktiv in ein Gespräch einzugreifen, und wenn sie gefragt werden, fühlen sie sich auf so unangenehme Weise exponiert, dass ihnen «einfach nichts mehr in den Sinn kommt».

Nun denkt man hier zunächst kaum an Schuld-, sondern an starke Schamgefühle. Das weist bereits voraus aufs nächste Kapitel und auf die Frage, warum Schuld und Scham tatsächlich so oft gemeinsam auftreten. Hier interessiert, dass die Schüchternheit auch durch Schuldgefühle motiviert ist. Die obige kurze Beschreibung macht schon deutlich, wie schwer es diesen Menschen fällt, sich überhaupt als eigene Person bemerkbar zu machen. Wichtig ist, dass dieser Wunsch, unauffällig zu bleiben, nichts damit zu tun hat, ob man sich willkommen oder unwillkommen fühlt. All diese Eigenheiten des schüchternen Menschen weisen darauf hin, dass ihm das ‹normale› Gefühl, ein Recht zu haben, überhaupt auf dieser Welt zu sein, fehlt. Er lebt darum in der Furcht, nur ein Störfaktor zu sein, überflüssig und darum nur lästig für die anderen. Zugleich weiss der Schüchterne, dass er gar nicht anders kann, als einen Platz in der Welt einzunehmen, solange er lebt. Die Schüchternheit ist sein Kompromiss: Er nimmt einen Platz ein, aber doch mit ständig schlechtem Gewissen, und versucht alles, um durch Unauffälligkeit und stete Rücksicht auf die anderen das schlechte Gewissen zu besänftigen.

Schüchterne Menschen sind nicht selten zugleich auch *überdurchschnittlich pflichtbewusste* Menschen. Diese setzen sich am Arbeitsort oft über ihre Kräfte ein. Für sie ist symptomatisch, dass sie sich kaum eine Pause gönnen, am Abend und übers Wochenende die unerledigt gebliebene Arbeit nachhause nehmen und auch trotz Unwohlsein oder Migräne zur Arbeit gehen. Bereits ein unverschuldet verspätetes Auftauchen bei der Arbeit weckt Schuldgefühle, schon ein kleines Versehen weckt Versagensängste.[24] Nun sehen solche Menschen in der Regel, dass ihre Arbeitskollegen es viel lockerer nehmen, ohne deshalb Nachteile zu haben. Warum ist es ihnen trotzdem unmöglich, es diesen gleichzutun? Warum finden sie es zwar okay, dass andere weniger pflichtbewusst sind, aber unvorstellbar, für sich selbst den enormen Leistungsdruck, den sie sich selber auferlegen, zu lockern? Diese Fragen unterstellen, dass dieses Pflichtgefühl einen geheimen Sinn hat, den die Betroffenen selbst nicht durchschauen. Wie bei den besonders schüchternen Menschen geht es auch bei den besonders pflichtbewussten um die Schuld in der Existenz als solcher: zufällig ins Dasein gekommen zu sein und darum keinen guten Grund zu haben, da statt nicht da zu sein. Wer für diese Schuld hellhörig ist, kommt schnell einmal auf die Idee, sich das Recht auf Leben durch einen ganz besonderen Einsatz «verdienen» zu wollen.

Nun gibt es auch die *überdurchschnittlich wehrlosen respektive aggressionslosen* Menschen, die ebenfalls in die Kategorie jener gehören, die hellhörig sind für die ontologische Schuld. Die Psychoanalyse kennt das Phänomen der «Identifikation mit dem Aggressor»,[25] das den Angegriffenen wehrlos macht, weil er heimlich befürchtet oder sogar wahnhaft davon überzeugt ist, die Angriffe des Anderen seien berechtigt und man habe sie also verdient. Der Aggressor bekommt also nicht darum Recht, weil er faktisch im Recht ist, sondern weil er das ontologische Schuldgefühl seines Opfers zu aktualisieren und zugleich (vermeintlich) zu bestätigen vermag. Aufgrund seiner Hellhörigkeit für die ontologische Wahrheit, dass wir immer schuldig sind, gesteht der Angegriffene eine Schuld ein, die er nie begangen hat, auch wenn er rational weiss, dass der Angriff eigentlich ungerechtfertigt ist und er sich dagegen zur Wehr setzen müsste. Wer also aufgrund einer eigenen Hellhörigkeit dazu disponiert ist, sich «wegen nichts» auch im Alltag schuldig zu fühlen, kommt immer in die wehrlose Position, weil seine Schuldgefühle dem Angreifer, der ihn beschuldigt, recht zu geben scheinen. Kommt hinzu, dass jede Gegenwehr das Schuldgefühl noch verstärken würde.

Als letztes Beispiel seien noch die sogenannten *«Pechvögel» respektive «Unglücksraben»* erwähnt. Tatsächlich passiert ihnen ein Missgeschick nach dem anderen, und man fragt sich dann, ob das noch Zufall sein kann. Könnte es sein, dass es sich dabei auch um Menschen handelt, die aufgrund ihrer Hellhörigkeit von der ontologischen Schuld verfolgt werden? Wir müssen die Frage – vor allem, wenn sie so generell gestellt ist – offenlassen. Immerhin ist es prinzipiell möglich, dass sich dahinter die unbewusste Absicht verbirgt, ihre (vermeintlich ontische) Schuld abzutragen, indem sie sich immer wieder in Missgeschicke hineinmanövrieren, in denen sie die unschuldig Leidtragenden sind.

Leiden an Schuldsymptomen

Der Leser wird sich wundern, dass dieses Phänomen hier nur kurz abgehandelt wird. Das hat damit zu tun, dass die Hellhörigkeit für die ontologische Schuld zwar im ganzen Spektrum seelischen Leidens zu finden ist, vor allem bei sogenannten Zwangskrankheiten, dass es aber nur ein seelisches Leiden gibt, für das irrationale Selbstbeschuldigungen typisch sind: die Depression. Auf die Depression werde ich aber in Kapitel II.3 eingehen. Aus diesem Grunde beschränke ich mich hier auf die Deutung des *Negativsymptoms einer Unfähigkeit, Schuldgefühle zu empfinden.* Dieses Symptom findet sich vor allem bei den sogenannten «schweren Persönlichkeitsstörungen». Diese Menschen haben keine Hemmungen, moralisch anrüchige Dinge zu tun und sogar zu genießen, die von «schuldfähigen» Menschen gemieden werden, obwohl sie unter Umständen durchaus auch Lust darauf hätten, das moralische Gewissen sie aber davon zurückhält. Es mag paradox erscheinen, auch diese mangelnde Schuldfähigkeit als Symptom eines geheimen Leidens an der ontologischen Schuld deuten zu wollen. Wenn man aber in der Nachfolge Freuds davon ausgeht, dass alle seelischen Symptome einen geheimen Sinn haben, dann muss das auch für Negativsymptome gelten. Das Negativsymptom der Schuldunfähigkeit findet sich nicht zufällig bei schweren narzisstischen Störungen. Was gewinnen Menschen mit einem aufgeblähten Narzissmus durch ihr Negativsymptom der Schuldunfähigkeit? Jedes Schuldgefühl erzeugt zugleich ein Gefühl von Schwäche. Jedes Schuldgefühl sagt mir, dass ich einem anderen Menschen gegenüber versagt habe. Die sogenannte Unfähigkeit zu eigener Schulderfahrung ist also in Wahrheit eine gelingende Abwehr jenes Gefühls, das die eigene Position dem Anderen gegenüber schwächen würde und ebendarum unbedingt vermieden werden muss. Wer narzisstisch immer nur seine eigene Macht und Stärke beweisen muss, ist im Grunde *hellhörig für die unaufhebbare Endlichkeit des eigenen Subjektseins* als beängstigende und auch kränkende Wahrheit.[26] Schuld nicht vermeiden zu können, gehört zu dieser Endlichkeit, die darum verleugnet werden muss, um sich und anderen weiter seine Stärke beweisen zu können.

3. Scham als emotionale Erfahrung unverhüllbarer Nacktheit

a) Drei Dimensionen der Scham

In existenzphilosophischer Sicht ist auch das Schamgefühl zweideutig. Was man emotional als «Scham» erfährt, kann entweder ein (ontisches) Beschämtsein wegen «Etwas» oder aber ein (ontologisches) Beschämtsein wegen «Nichts» bedeuten. Diese Erkenntnis finden wir allerdings erst bei Sartre, und sie ist auch in der reichhaltigen psychologischen Literatur zur Scham nicht aufgenommen worden. Schamerfahrungen «wegen nichts» werden darum, nicht anders als Angst vor «Nichts» und Schuldgefühle wegen «Nichts», in der Regel den pathologischen Gefühlen zugeordnet.

Wir sind bereits im Schuldkapitel darauf gestossen, dass sich Scham- und Schuldgefühl nahestehen und nicht selten gemeinsam auftreten. Für beide ist der Bezug zum anderen Menschen zentral, wobei sich schnell zeigt, dass der Andere je eine ganz andere Rolle und auch Funktion hat: Während ich mich dann schuldig fühle, wenn ich einem anderen Menschen Schaden zugefügt habe, schäme ich mich, wenn ich mir unfreiwillig vor anderen eine Blösse gegeben habe und mich nun deren beschämendem Blick wehrlos ausgesetzt fühle. Eine besondere Rolle spielt die «moralische Scham», in der meine Blösse darin besteht, in deren Augen moralisch versagt zu haben. Damit sich ein Schamgefühl meldet, muss ich mich wegen meiner Erscheinung oder meines Verhaltens dem beurteilenden Blick von anderen ausgesetzt fühlen. Diesem Blick bin ich selbst passiv ausgesetzt und entsprechend wehrlos ausgeliefert, weshalb die Scham mit einem intensiven Gefühl von *Ohnmacht* zusammengeht. Aufgrund dieser Ohnmacht hat der Beschämte in der Regel nur noch den Wunsch, «in den Boden zu versinken» oder «sich in Luft aufzulösen» und damit für alle unsichtbar zu sein. – Dieser Wunsch macht uns auf jene ontologische Wahrheit aufmerksam, auf welcher jede Scham basiert: *dass* wir als Menschen einen Leib haben und *dass* wir deshalb für andere *nolens volens sichtbar* sind.

Die Tatsache, in jeder konkreten Schamsituation zur Ohnmacht verurteilt zu sein, unterscheidet das Gefühl des eigenen Beschämtseins sowohl von der Furcht wie von der ontischen Schuld. Wenn wir uns vor einer Gefahr fürchten, können wir aktiv werden, indem wir die Flucht ergreifen oder die Gefahr bekämpfen. Wenn wir uns schuldig gemacht haben, können wir an der puren Tatsache zwar nichts mehr ändern, wir können aber nachträglich versuchen, die Schuld zu sühnen, sei es durch Wiedergutmachungen oder durch Reue und die Bitte um Verzeihung. Mit der Scham lässt sich am ehesten der starke Schmerz vergleichen, dem man oft ebenfalls ohnmächtig ausgeliefert ist. Anders als der von Schmerz Geplagte kann der Beschämte allerdings nur selten mit Anteilnahme der Umgebung rechnen. Der Beschämte fürchtet stattdessen Hohn und Spott oder aber moralische Verurteilung. Sich zu schämen bedeutet, sich schutz- und wehrlos an den Pranger gestellt zu fühlen.

Die ontische Scham ist, nicht anders als die Furcht und die ontische Schuld, auf ein «Etwas» bezogen, dessentwillen man sich schämt. Sie hat aber eine ungleich komplexere Struktur, weshalb sie in der Literatur auf dreifache Weise definiert wird: als «Selbstgefühl», als «soziales Gefühl» und überdies als «Wertgefühl», wobei jede Definition ihr partielles Recht hat. *Sartre* ist es gelungen, alle drei Definitionen in der folgenden kurzen Bestimmung einzufangen: «Ich schäme mich meiner, wie ich Anderen erscheine» (SN, S. 406). Die Scham ist ein *Selbstgefühl*, insofern ich mich immer «*meiner*» schäme; sie ist ein *soziales Gefühl*, insofern ich mich immer dafür schäme, wie ich «*Anderen*» erscheine; und sie ist ein *Wertgefühl*, insofern ich mich dafür schäme, «*wie*» ich anderen erscheine, nämlich so, wie «man» von anderen *nicht* gesehen werden möchte oder sollte, weil man damit gegen geltende konventionelle und moralische Werte verstösst.

Auch der ontischen Scham wird, genauso wie der Furcht und der moralischen Schuld, eine wichtige *Schutzfunktion* zuerkannt. Der Philosoph *Max Scheler* hat meines Wissens als Erster auch von der «behütenden» Funktion der Scham gesprochen: «Die Scham will etwas in sich tief wertvoll Empfundenes bewahren und beschützen». Der Schutz der Scham gilt also dem sich schämenden Individuum, signalisiert sie ihm doch, dass etwas Inneres, ganz Intimes für andere sichtbar geworden ist, was zugleich heisst, dass der Blick von anderen die Grenze zur eigenen Intimsphäre überschritten hat.[27] Ganz anders wertet der Philosoph *Ernst Tugendhat* die positive Funktion der Scham. Erstens sieht er ihre Funktion im Schutz der moralischen Integrität einer sozialen Gemeinschaft, und zweitens besteht ihre Funktion keineswegs im passiven Gefühl des Beschämtseins, sondern in der aktiven Beschämung dessen, der sich auf beschämende Art verhalten hat.[28] Zur Begründung dieser Funktion schlägt Tugendhat vor, zwischen einem «weiten Bereich der Scham», einer «inneren Region der Scham» und einem «innersten Kern der Scham» zu unterscheiden: Mängel, für die eine Person nichts kann, wie etwa körperliche Besonderheiten oder auch die eigene Herkunft, bilden den weiteren Bereich der Scham; Mängel, die eine Unfähigkeit einer Person anzeigen, wie etwa schlecht zu kochen oder schlecht Klavier zu spielen, bilden den engeren Bereich der Scham; erst Mängel, welche die Person als ganze, ihren Charakter betreffen, bilden den innersten Kern der Scham. Dazu würde gehören, als Mutter die eigenen Kinder zu vernachlässigen, wehrlose Menschen auszubeuten usw. Für Tugendhat ist die Scham in ihrem innersten Kern «moralischer» Art, ist also Scham darüber, moralisch versagt zu haben. Diese Scham ist dem moralischen Schuldgefühl ganz nahe. Eine soziale Funktion erfüllen hier die «Schamzeugen», welche die schamlose Person an den Pranger stellen, indem sie ihr zurufen: «Schäme dich!».

b) Wofür Adam und Eva sich schämten

Der Mythos von Adam und Eva erzählt nicht nur vom Anfang der Schuld, sondern ebenso vom Anfang der Scham. Auch diese Ursprungsgeschichte hat den Sinn, die ontologische Scham ins Ontische umzudeuten und auf eine Urscham zurückzuführen. Gemäss der biblischen Erzählung sind und bleiben Adam und Eva nach ihrer Erschaffung *nackt*, ohne sich deswegen voreinander zu schämen (1. Buch Mose 2,25).[29] Scham kommt erst auf, nachdem sie vom Baum der Erkenntnis gegessen haben (ebd., 3,7): «Da gingen ihnen die Augen auf, und sie wurden gewahr, dass sie nackt waren». Die Metapher vom Aufgehen der Augen ist sehr treffend. Sie erkennen neu, was sie zwar schon früher gesehen haben, was damals aber keine Bedeutung für sie hatte: die pure Tatsache, *dass* sie beide nackt sind und also auch jeder *für den Anderen* nackt ist.

Mythen erzählen immer konkrete Geschichten. Im Mythos von Adam und Eva schämt sich Eva vor Adam und umgekehrt. Die Scham enthüllt also beiden eine doppelte Differenz: die Differenz zwischen mir selbst und einer anderen Person als von mir überhaupt getrenntem Anderen in seiner Andersheit, die macht, dass jeder dem Blick des Anderen ausgesetzt ist; und die konkrete Differenz zwischen mir als Frau und ihm als Mann, die macht, dass wir verschieden anzusehen sind. Entsprechend suchen beide, sich ein Kleid aus Palmblättern zu machen, um so wieder frei von der Scham zu werden.

Wofür schämen sich Adam und Eva? Haben wir es hier nur mit einer ontischen Scham zu tun, oder verbildlicht ihre Scham auch die ontologische Scham? Gewiss sind bereits die erwähnten zwei Bedeutungen von «nackt» grundlegender Natur: beide machen in der Scham erstmals die Erfahrung, vom Partner *abgetrennte Einzelne* zu sein, die sich im Gegenüber zu ihm oder ihr befinden; und beide machen erstmals die Erfahrung ihrer *konkreten geschlechtlichen Unterschiedenheit* als Frau und Mann. Schon das verweist auf den ontologischen Charakter dieser Scham. Während man sich in der ontischen Scham immer wegen einer individuellen Unperfektheit, sei es des eigenen Körpers oder des eigenen Verhaltens, schämt, schämen sich Adam und Eva dafür, als Menschen je Einzelne zu sein, die zugleich immer schon entweder Mann oder Frau sind. Der Satz

«Es gingen ihnen die Augen auf» scheint mir aber noch auf eine dritte ontologische Wahrheit zu verweisen, welche man in der Scham ursprünglich erfährt: dass man als Mensch unausweichlich im Blick des Anderen steht. Eva realisiert, dass sie von Adam angeblickt wird, und umgekehrt. Jetzt taucht unwillkürlich die Frage auf: Kann denn die pure Tatsache, überhaupt im Blick des Anderen zu stehen, Scham hervorrufen? Kehren wir kurz zu Sartres These zurück, wonach ich mich dafür schäme, «wie ich Anderen erscheine». Dieser Satz lässt sich doppelt lesen, je nachdem, ob man das «wie» betont oder die «Anderen». Betont man das *Wie* des eigenen Erscheinens, dann ist die Scham auf einen konkreten Mangel an mir bezogen, mit dem ich dem Anderen erscheine und für den ich mich ontisch vor ihm schäme. Hört man den Satz in der anderen Betonung, realisiert man, dass das eigentlich Entsetzliche ja darin liegt, dass man *nicht* wissen kann, wie man dem Anderen erscheint. In der ontologischen Scham geht es nur um diese Erfahrung: dass man dem Blick des Anderen ausgesetzt ist, der mich von einem Standort aus zu sehen vermag, den ich mir selber gegenüber nicht einnehmen kann, weshalb er immer mehr und anderes an mir zu sehen vermag, als ich selber sehen kann – und auch mehr und anderes, als er mir mitzuteilen bereit ist. Sartre betont darum, dass es «nie Augen sind, die uns anblicken», sondern «der Andere als Subjekt» (SN, S. 497), und dass der Andere aus diesem Grunde «das Geheimnis meines Seins besitzt» (SN, S. 638).

c) Scham darüber, *für* den Anderen zu existieren

Sartres Entdeckung der ontologischen Scham steht nicht einfach isoliert da, sondern geht zusammen mit einer neuen Bestimmung des primären Verhältnisses zum anderen Menschen.

Er bezeichnet es als das «*Für*-Andere» (SN, Teil III).[30] Während die philosophische Kritik am primär weltlosen und darum isolierten Subjekt von Heidegger mit viel Pathos vorgetragen wird und ähnlich auch in der Psychoanalyse die «intersubjektive Wende» heute als Fortschritt gegenüber Freud gerühmt wird,[31] kommt Sartres «Wende» zum «Für-Andere» ohne Aufhebens daher, obwohl sie die Wende zur Intersubjektivität noch einmal radikalisiert. Nach Sartre ist nicht das *Mit*-dem-Anderen-Sein das ontologisch Primäre, sondern das *Für-d*en-Anderen-Sein.

Im «Mit-den-Anderen» liegt bereits eine Beziehung zwischen mir und anderen vor, sei diese nun freundlicher oder feindlicher Art. Auch an einer «Interaktion» sind immer mindestens zwei Personen beteiligt, die *mit*einander die Interaktion gestalten. Wenn mein Verhältnis zum Anderen aber ein Fürihn ist, dann ist der Andere noch kein Interaktionspartner von mir, sondern nichts als *ein Anderer*. Als anderer Mensch aber ist er entweder schon da oder er taucht auf, ohne dass ich ihn gesucht oder auch nur auf ihn gewartet hätte. Er taucht auf und erblickt mich. Sartre unterläuft also mit seinem Aufweis eines primären «Für-den-Anderen-Seins» die Intersubjektivitätstheorie, indem er klarstellt, dass die intersubjektive Kritik am isolierten Subjekt noch zu wenig radikal ist. Das Verhältnis zwischen Menschen beginnt in Wahrheit mit der Erfahrung, *dass* der Andere schon da ist und ich für ihn sichtbar bin. Dieser Beginn ist nicht ein zeitlicher Anfang, sondern ein Anfang der Sache nach. Am Anfang ist der Andere (noch) nicht ein Interaktionspartner, der Bezug zu ihm darum (noch) nicht gegenseitig, sondern einseitig – nur dass jetzt bei Sartre der Bezug vom Anderen ausgeht. Der Andere hat den aktiven Part, während mein Part nur darin liegt, für ihn sichtbar zu sein und meiner Sichtbarkeit für ihn nicht entrinnen zu können. Diese Wahrheit, ursprünglich im Blick des Anderen zu stehen, erschliesst sich mir wie jedem Menschen in der ontologischen Scham.

Nun lässt sich nicht bestreiten, dass wir im konkreten Leben immer *mit* anderen sind, auch wenn wir uns miteinander streiten oder einander ignorieren. Wo gibt es da überhaupt die Gelegenheit, die ontologische Erfahrung zu machen, dass man primär im Blick des Anderen steht? Diese Frage ist falsch gestellt, weil jeder Mitmensch auch ein Anderer ist. Mag ich jemandem auch besonders nahestehen, wie etwa meiner Mutter oder meinem Kind, sie bleiben zugleich «Andere», zu deren Gedanken, Gefühlen und Absichten ich nur ganz bedingt Zugang habe. Diese Andersheit des Anderen ist auch nie aufgehoben, darum kann ich auch dann, wenn ein naher Freund mich anblickt, nicht mit Sicherheit wissen, ob er mich *als mein Freund anblickt* oder *als jener «Andere», der mir immer entzogen bleibt.* Das Geheimnis, *wie* sie mich sehen, bleibt darum letztlich immer ihr Geheimnis. Sartres Hinweis, wir seien als Menschen «in die Freiheit des Anderen geworfen und in ihr verlassen» (SN, S. 487), gilt also immer, auch in engsten Beziehungen. Genau deshalb wird in mitmenschlichen Beziehungen das Phänomen des *Vertrauens* so wichtig.[32]

Die ontologische Scham als Erwachen aus der Selbstvergessenheit

Wir wollen uns jetzt Sartres Beispiel des Voyeurs vornehmen, der durchs Schlüsselloch zu hören und zu sehen versucht, was sich im abgeschlossenen Raum abspielt. Das Beispiel beginnt so:

«Nehmen wir an, ich sei aus Eifersucht, aus Neugier, aus Verdorbenheit soweit gekommen, mein Ohr an eine Tür zu legen, durch ein Schlüsselloch zu gucken. Ich bin allein ... Jetzt habe ich Schritte im Flur gehört» (SN, S. 467). Sartre unterbricht hier das Beispiel und führt es erst 30 Seiten später weiter:

«Ich zucke vor Scham zusammen, jemand hat mich gesehen. Ich richte mich wieder auf, ich suche den leeren Flur mit den Augen ab: es war blinder Alarm. Ich atme auf.» – Auf diese Sequenz folgt nun der entscheidende philosophische Satz: «Statt dass der Andere nach meiner ersten Alarmierung [die sich als Irrtum herausgestellt hat] verschwunden wäre, ist er jetzt überall, unter mir, über mir, in den Nebenzimmern, und ich spüre weiterhin zutiefst mein Für-Andere-sein» (SN, S. 497).

Dieses Beispiel ist darum interessant, weil sich genau in dem Moment, da sich die ontische Scham des Voyeurs darüber, bei einer moralisch verpönten Handlung ertappt worden zu sein, in nichts auflösen könnte, eine andere Scham meldet, die ihn nicht mehr loslässt: es ist die von uns als «ontologisch» bezeichnete Scham, die ihm sagt, dass er (als Mensch) «zutiefst» *für* Andere ist.

Warum hat Sartre dieses Beispiel gewählt? Ich vermute, dass hier der Voyeur weniger für jemanden steht, der etwas Ungehöriges macht und sich dann ertappt glaubt, sondern für jemanden, der von dem, was er durchs Schlüsselloch sieht und hört, ganz und gar absorbiert ist. Die Schritte im Gang reissen ihn deshalb aus einer totalen Selbstvergessenheit heraus. Das zeigt sich schon daran, dass er vorher nicht im Geringsten Vorkehrungen für den Fall, dass plötzlich jemand auftauchen könnte, getroffen hat. Wer aber völlig selbstvergessen in dem aufgeht, was ihn gerade beschäftigt, für den gibt es auch den Anderen um ihn herum gar nicht. Dass er im Flur Schritte zu hören meint, zeigt an, dass er aus der Selbstvergessenheit erwacht ist und damit überhaupt wieder zu sich kommt – zu sich als einem Menschen, der weiss, dass er seinerseits *auch für andere sichtbar* ist.

d) *Für*-Andere-Sein und *Mit*-Anderen-Sein

Es ist kein Zufall, dass sich bei Heidegger in *Sein und Zeit* kein einziges Wort über die Scham findet. Das hat mit seiner Bestimmung des «Anderen» zu tun: «Jeder ist der Andere und Keiner er selbst» (SZ, S. 128). Diese Aussage bezieht sich zwar auf das alltägliche «Man-Selbst», aber es fehlt eine dazu konträre Aussage, die das Moment *der unaufhebbaren und zugleich unfassbaren Andersheit des Anderen* herausstellen würde. Dazu passt, dass Heidegger den ontologischen Bezug zum anderen Menschen als ein ursprüngliches *Mitsein* bestimmt: das andere Dasein ist immer schon und auch «*mit* da», das In-der-Welt-Sein ist darum «*mit*haft», die «Welt des Daseins ist *Mitwelt*», das «In-sein ist *Mitsein* mit Anderen» und also das andere Dasein ein «*Mitdasein*» (SZ, S. 118). Hätte Heidegger recht, dann wäre Sartres «Für-Andere-sein» nur eine ontische Form des «Mit-Anderen-seins» und die Scham nur ein ontisches Gefühl, das sich bestimmten Menschen unter bestimmten Bedingungen aufdrängt, aber in einem Werk wie *Sein und Zeit*, das sich der philosophischen Bestimmung des Seins des Daseins widmet, nichts verloren hat.

Es verhält sich aber umgekehrt: Ich bin gerade darum ursprünglich ein «Selbst», weil mich der Blick des Anderen als reines Widerfahrnis trifft und mich auf mich selbst als diesen Einzelnen zurückwirft. Denn dieser Blick, der mich anblickt, ohne dass darin Interesse oder gar Sympathie für mich liegen würde, schafft noch keine Beziehung. Auch wenn es zutrifft, dass der Andere durch seinen Blick Macht über mich gewinnt, geschieht das *ohne seine Absicht*. Der Andere als Anderer will selber nichts, also auch keine Beziehung *mit* mir. Nicht die Aktivität des Anderen ist das Primäre, sondern meine passive Erfahrung, seinem Blick ausgesetzt zu sein, den ich als aktiv auf mich gerichtet phantasiere. Diese primäre Erfahrung, *für* den

Anderen zu sein, ist einseitig und zugleich passiv. Darum kann aus dieser Erfahrung auch kein gegenseitiger «Kampf der Blicke» entstehen. Ein Kampf der Blicke ist immer ein ontisches Kräftemessen unter Rivalen und somit eine Form des Miteinanderseins.

Es leuchtet also ein, wenn Sartre erklärt, «die Grundlage jeder Beziehung zwischen dem Anderen und mir» sei ein «primäres Fehlen einer Beziehung» (SN, S. 421). Dieses Fehlen einer Beziehung fasst er positiv als das «*Trennungs-Nichts*», das zwischen mir und dem Anderen liegt (SN, S. 420). Dieses Trennungs-Nichts ergibt sich daraus, dass der Andere auch ein Ich ist, aber eben ein anderes. Der Sachverhalt, dass der Andere ein Subjekt ist wie ich, schafft noch keine Beziehung und liegt doch jeder Beziehung *zwischen* Menschen zugrunde.

e) «Blick Gottes» und «böser Blick»

Die Kultur hat nicht nur die Aufgabe, den Menschen vor «Angst» und ontologischer «Schulderfahrung» zu schützen, sondern genauso vor ontologischer «Scham». Auch hier leistet sie das, indem sie Mythen zur Verfügung stellt, in welchen der unheimliche Blick des Anderen in seiner puren Andersheit als «Blick Gottes» einerseits, als «böser Blick» bestimmter Menschen andererseits wiederkehrt und damit konkret wird. Das ermöglicht es den Menschen, Rituale zu entwickeln, um den strafenden Blick Gottes zu besänftigen und den bösen Blick anderer Menschen unschädlich zu machen.

Dem göttlichen Blick wird zugeschrieben, allgegenwärtig zu sein. So heisst es im Alten Testament (Sprüche 15,3): «*An jedem Ort sind die Augen des Herrn, sie wachen über Gute und Böse.*» Die Allgegenwärtigkeit gibt dem göttlichen Blick Macht und erzeugt im gläubigen Menschen die Gewissheit, vor Gott nichts verbergen zu können. Dennoch hat die Umdeutung des Blicks des ontologisch Anderen zum göttlichen Blick eine *entlastende* Wirkung. Jetzt ist es nur noch ein einziges Augenpaar, vor dem sich nichts verbergen lässt. Zugleich weiss der Gläubige, dass dieses Augenpaar alle Menschen auf ihr Gut- oder Böse-Sein hin betrachtet, was den göttlichen Blick zu einem «gerechten» Blick macht, den man zwar fürchten muss, der einem aber auch Sicherheit gibt. Man kann nun darauf vertrauen, dass der göttliche Blick nur die Sünder straft, hingegen wohlwollend auf all jene blickt, welche seinem Willen folgen.

Die Vorstellung, bestimmte Menschen hätten «den bösen Blick», ist uralt und ein interkulturell weit verbreiteter Volks-(aber-)glaube. Dabei geht es im Kern in allen Kulturen um die Überzeugung, dass bestimmte Menschen mit einem Blick ausgestattet seien, von dem eine unheilvolle Kraft ausgehe. Ob nun angenommen wird, dass Menschen mit dem bösen Blick selber *absichtlich* anderen Schaden zufügen wollen oder dass diese Menschen unfreiwillig vom bösen Blick beherrscht werden, der *von selbst* Schaden anrichtet – immer sind solche Menschen Gegenstand einer kollektiven Furcht, die nun die namenlose Schamangst des Einzelnen vor dem freien Blick des Anderen ersetzt. Hauptaufgabe wird es nun, anhand bestimmter meist körperlicher Merkmale oder Behinderungen die Menschen mit dem bösen Blick ausfindig zu machen, um sich vor ihnen schützen zu können, sei es durch aktive Gewalt und Verbannung aus der Gesellschaft, sei es durch das Tragen von Amuletten, denen man die magische Kraft zuschreibt, den bösen Blick entmachten zu können.

Die allgemeine Verbreitung dieses Aberglaubens muss ein Rätsel bleiben, solange man das unheimliche und zugleich unaufhebbare Schicksal aller Menschen, ursprünglich als je Einzelner *für* den Anderen als Anderer zu sein, ignoriert.

f) Scham als Motiv sozialer Phobie

Schamsymptome waren früher häufig. Frauen erröteten, wenn sie nur schon angesprochen wurden, und schämten sich dann nochmals für ihr Erröten, Männer fürchteten, man sehe ihnen ihr Onanieren an, und wirkten dadurch extrem gehemmt. Mit der grossen sexuellen Befreiung, die ab den 1960er Jahren begann, sind jene auffälligen Schamsymptome, unter denen Menschen stark gelitten haben, weitgehend verschwunden. Dafür hat die Diagnose der sozialen Phobie Eingang in die Diagnostik gefunden. Der Begriff der Scham figuriert interessanterweise gar nicht im Begriffsindex der internationalen Klassifikation psychischer Störungen ICD-10. Als Hauptkriterium der sozialen Phobie gilt «*die Furcht vor prüfender Betrachtung durch andere Menschen in verhältnismässig kleinen Gruppen*», die oft dazu führt, dass «soziale Situationen vermieden werden».[33] Weil dieses Phänomen unverständlich bleiben muss, wenn man die ontologische Scham nicht mit in Betracht zieht, wird es meist auf ein anderes Symptom zurückgeführt, nämlich das sogenannte «Minderwertigkeitsgefühl». Dies deshalb, weil solche Menschen sich davor ängstigen, «prüfend betrachtet» zu werden. Es ist meist mit Schweissausbrüchen und Zittern verbunden, wobei die Schweissausbrüche vor allem am Kopf und am Oberkörper gut sichtbar werden, was die Scham noch steigert. Um sich extrem beschämt zu fühlen, genügt hier also der blosse Eindruck, *überhaupt* genauer betrachtet zu werden, auch von ganz unbekannten Menschen. Fragt man, wofür sie sich schämen, ist es nichts Konkretes, sondern nur die Befürchtung, diese Menschen *könnt*en an ihnen etwas überaus Beschämendes finden, von dem sie selber nichts wissen. Wenn wir uns nun fragen, wofür sie sich schämen könnten, dann müssen wir zuerst einmal vermuten, dass es sich hier wiederum um Menschen handelt, die für eine ontologische Wahrheit «hellhörig» sind – hier für die Wahrheit, *dass* der Blick des Anderen als Anderer die Macht hat, an ihnen Dinge zu sehen, die sie an sich selbst noch nicht bemerkt haben. Sie ängstigen sich davor, schutzlos dem Blick von anderen ausgesetzt zu sein, und leiden also an ontologischer Schamangst.

Dass die soziale Phobie gemäss Statistiken stark zugenommen haben soll in der westlichen Gesellschaft, muss daran liegen, dass die Gesellschaft zunehmend schamloser wird. Das hat mit der immer stärker werdenden Individualisierung zu tun und der Aufgabe, als Individuum im Konkurrenzkampf um ökonomische Selbstbehauptung und narzisstische Anerkennung irgendwie bestehen zu können. Darum schämen sich heute weniger Menschen ihrer sozialen Herkunft als früher, hingegen mehr für berufliche Misserfolge. Während es Max Scheler anfangs des 20. Jahrhunderts noch für angezeigt hielt, zwischen echter und unechter Scham zu unterscheiden, weil es damals für Frauen wichtig war, wenigstens Scham vorzutäuschen,[34] gehört es heute zur erforderlichen «Sozialkompetenz», sich selber ohne ‹falsche› Hemmungen in Szene zu setzen und bei jeder Gelegenheit selbstsicher aufzutreten. Dazu gehört auch die Fähigkeit und Bereitschaft, jede Gelegenheit zu sogenanntem «Socializing» und «Networking» zu nutzen. Je weniger jemand an Schamgefühlen leidet, umso lockerer, selbstverständlicher und sogar glaubwürdiger wirkt seine Selbstinszenierung auf andere. Vieles von dem, was heute wertneutral als scham*frei* bezeichnet wird, wäre vor wenigen Jahrzehnten noch als scham*los* missbilligt oder gar verachtet worden.

Wir können also folgern, dass heute im Unterschied zu früher die ontische Scham wegen «Etwas» und noch mehr die Gefühlshaltung der Schamhaftigkeit zu einem *sozialen Hindernis* geworden sind. Damit muss es zusammenhängen, dass heute die ontologische Scham öfter als früher direkt und unverstellt einbricht. Statt sich beispielsweise als übersteigerte ontische

Scham wegen zu grosser oder abstehender Ohren zu manifestieren und diesen Ohren damit eine völlig disproportionale Bedeutung zu geben und zu glauben, alle anderen würden ihren Blick nur auf diese Ohren richten, manifestiert sich die ontologische Scham jetzt als *soziale Phobie wegen «Nichts»*.

Teil II: Ekel – Neid – Verzweiflung
Drei elementare Verneinungen

Einleitung

Ekel, Neid und Verzweiflung stehen für jene Gefühle, die ein starkes emotionales Nein beinhalten. Dabei ist wichtig, dass dieses Nein weder erst sekundär zu diesen Gefühlen hinzukommt noch den Charakter eines vorgängigen Urteils hat, das dann nachträglich diese drei Gefühle hervorrufen würde. Das Nein ist selber emotionaler Art, weil es den Gefühlen als solchen eigen ist. Zugleich habe ich mit Ekel, Neid und Verzweiflung drei Gefühle ausgewählt, die elementarer Natur sind, aber ansonsten inhaltlich wenig gemein haben und doch den allermeisten Menschen entweder vertraut oder doch bekannt sind. Ob es gemäss diesen Kriterien eine bessere Auswahl gegeben hätte, muss ich offenlassen.

Ansonsten scheint klar, dass es sich um drei «ontische» Gefühle handelt, tauchen sie doch in der Regel bei konkreten Anlässen auf und richten sich auch auf konkret-ontische Objekte: Man ekelt sich vor etwas, das «zum Kotzen» riecht oder aussieht; man ist neidisch auf eine Person, der man missgönnt, was sie hat oder kann, man selbst aber entbehrt; und man will «verzweifelt» etwas Bestimmtes erreichen oder aber verhindern, um dann in eine umfassende Verzweiflung zu geraten, wenn das Vorhaben gescheitert ist.

Wir wollen bei allen drei Gefühlen herausarbeiten, ob das ihnen eigene Nein *nur* auf den je ontisch-konkreten Sachverhalt bezogen ist, auf den sich das Gefühl manifest richtet, oder ob sein Nein sich darüber hinaus auch noch auf jene ontologische Wahrheit richtet, die uns Menschen in Angst, Schuld oder Scham unverdeckt kundgetan wird. Dass wir diese Frage bei allen drei Gefühlen positiv beantworten können, hat noch einmal eine enorme Bedeutung für ein angemessenes Verständnis dessen, was Gefühle zu leisten vermögen. Denn aus unserer positiven Antwort folgt, dass nicht nur Angst, Schuld und Scham eine Sonderstellung einnehmen, insofern sie dem Menschen eine Seinswahrheit zumuten, von der er, wäre das Verstehen universal, verschont bliebe, sondern dass dann auch bestimmte ontische Gefühle eine Sonderstellung gewinnen, weil sie, und zwar ebenfalls *unabhängig vom Verstehen*, auf die Zumutung, rein emotional von Wahrheiten bedrängt zu werden, die zu schwer auf uns Menschen lasten, *vehement verneinend antworten*. Während das «Verstehen» den Menschen von der Seinslast entlastet, indem es die «nackte Wahrheit» in einen sprachlichen Sinn einhüllt und ihr dadurch ihre Unheimlichkeit nimmt, *verweigern* Ekel, Neid und Verzweiflung rein emotional die Zumutung, diese zu schwere Last überhaupt tragen zu sollen.

1. Ekel als Ausstossung menschlicher Nichtigkeit

a) Physischer Ekel

Der Ekel ist das erste von drei Gefühlen, die hier deshalb vorgestellt werden, weil zu ihnen wesentlich gehört, etwas emotional erfahrbar zu machen und das darin Erfahrene zugleich zu verneinen. Ich stelle die Analyse des Ekels an den Anfang, weil das ihm eigene Nein besonders stark und eindeutig ist. Das hat damit zu tun, dass der Ekel primär ein Körpergefühl ist. Wer sich ekelt, fühlt sich elementar körperlich abgestossen von etwas, das er isst oder riecht oder tastet oder auch nur sieht. Was sich uns mittels unserer Sinnesorgane aufdrängt oder sogar in uns eindringt, weckt den unmittelbaren Impuls, es wieder ab- und auszustossen. Wer sich ekelt, ist ganz von Ekel erfüllt, was darum oft zu körperlicher Übelkeit und Erbrechen führt. Es ist, wie wenn ein ursprüngliches «Körper-Ich» oder «Leib-Ich» von sich her Nein sagen würde zu etwas, das zu nahe kommt, aber nicht assimilierbar ist. Der Ekel gilt darum zu Recht primär als *physischer Ekel*.

Aurel Kolnai,[35] dem wir die erste, um 1927 entstandene *phänomenologische Studie zum Ekel* verdanken, erklärt den *Geruchssinn* zum «*eigentlichen Stammesort des Ekels*» (Kolnai S. 26). Gerüche steigen uns in die Nase, ob wir wollen oder nicht, und wir atmen sie unwillkürlich ein. Das gilt auch für jene Gerüche, vor denen wir uns ekeln. Statt uns gegen sie verschliessen zu können, sind wir ihrem Eindringen durch die Nase passiv ausgeliefert. Das impulsive Nein dagegen kommt erst *mit* dem Ekel und darum immer schon zu spät, um den Ekel verhindern zu können. Das dem Ekel immanente Nein ist somit der verzweifelte Versuch des Körpers, *nachträglich* das bereits in ihn eingedrungene Ekelhafte wieder loszuwerden: Es wird einem übel, es dreht einem den Magen um bis hin zum spontanen Erbrechen, und wenn auch das nichts hilft, fällt man in Ohnmacht. – Weil der Ekel primär eine körperliche Reaktion ist, widerfährt er einem. Das ist der Unterschied etwa zum Zorn. Auch im Zorn sagen wir Nein zu etwas und auch der Zorn erfasst uns im Ganzen, und doch wird nur zornig, wer den Zorn zulässt, sich auf ihn einlässt, das heisst ihm implizit zustimmt. Der Ekel braucht keine Zustimmung, denn hier reagiert der Körper auf eigene Faust, weshalb uns auch das Nein in Gestalt des Herauskotzens überkommt, ohne dass wir uns dagegen wehren können. Es ist das Körper-Ich, das sich spontan gegen die Kontamination durch das Unassimilierbare zur Wehr setzt, indem es das Unverträgliche wieder aus sich herauszwängt.

Der Ekel ist nicht nur deshalb «physisch», weil es sich dabei um eine Reaktion des Körpers handelt, sondern auch deshalb, weil das, wovor wir uns ekeln, seinerseits auch physischer Art ist. Wir ekeln uns vor verdorbenen Speisen, Exkrementen, frischem Blut, Erbrochenem, Eiter oder auch einem entstellten Körper. Kolnai fragt nach dem Gemeinsamen aller ekelerregenden *Objekte* und spricht von einem «gegenständlichen Beziehungskreis», der «Geruch-Fäulnis-Verfall-Absonderung-Leben-Nahrung» umfasse (ebd.). Es ist der Beziehungskreis organischer Substanzen, die entweder auf einen drohenden Fäulnisprozess vorausweisen oder bereits am Verfaulen sind. Darin manifestiert sich nach Kolnai der «Urgegenstand» des Ekels, nämlich die «Fäulnis» als solche und damit «todhaftes Leben» (ebd., S. 29).

Das ontisch-ontologische Nein im physischen Ekel

Wenn wir die uns bereits hinreichend vertraute Unterscheidung zwischen der Dimension des Ontischen und jener des

Ontologischen aufnehmen, stellt sich auch bezüglich des Ekels die Frage, ob die spontane Heftigkeit des Neins sich nur gegen das konkrete Ekelobjekt richtet oder ob sich dieses Nein auch aus einer ontologischen Quelle speist. Kann es sein, dass uns der jeweilige konkrete Ekel noch mehr erfahren lässt als nur, dass dieses ekelerregende ontische Objekt jetzt und hier körperlich unassimilierbar ist und darum um jeden Preis ausgestossen werden muss? Dieses Mehr an Erfahrungsinhalt würde dann jene *ontologische Wahrheit* betreffen, die uns zutiefst ängstigt: *dass* nämlich auch unser menschlicher Leib wie alles Organische ein Objekt zukünftiger Fäulnis ist.

Sartre trifft in *Das Sein und das Nichts* die Unterscheidung zwischen dem «konkreten und empirischen Ekel (vor faulem Fleisch, frischem Blut, Exkrementen usw.)» und einem «diskreten und unüberwindlichen Ekel», der «meinem Bewusstsein ständig meinen Körper enthüllt», und zwar «seine Faktizität und seine Kontingenz» (SN, S. 597 f.). Mit diesem diskreten Ekel meint Sartre einen «faden Geschmack» als ein unauffälliges und doch ständig anwesendes Hintergrundgefühl. Sartre trennt damit das ontische und das ontologische Ekelgefühl voneinander, erklärt sie zu zwei unabhängigen emotionalen Erfahrungen. Während der ontisch-konkrete Ekel anfallsartig und intensiv ist, bleibt der ontologische Ekel, obwohl prinzipiell immer da, diskret im Hintergrund.

Diese Trennung von ontischem Ekelgefühl einerseits, ontologischer Ekelerfahrung andererseits ist nur im Zusammenhang von Sartres phänomenologischer Analyse des Körpers zu verstehen. Im Zentrum dieser Analyse steht die Erkenntnis, dass der Körper zwar das «totale Bezugs-» und zugleich «Handlungszentrum» unseres Existierens ist (SN, S. 566 f.), dass er aber als solcher meist «unbeachtet» bleibt. Der Körper ist der «mit Stillschweigen Übergangene» (SN, S. 583). Tatsächlich macht jeder die Erfahrung, dass seine Aufmerksamkeit nur in Ausnahmefällen auf den eigenen Körper gerichtet ist, weil sie meist den weltlichen Objekten gilt, mit denen er gerade beschäftigt ist. Von diesem unbeachtet bleibenden Körper als Bezugszentrum hebt nun Sartre jenen Körper ab, der nichts als pure «Faktizität» und «Kontingenz» ist. Sartre meint damit dessen pure Materialität, den Körper als «Fleisch» (SN, S. 597 ff.). Dieser Körper als inerte Masse meldet sich unserem Bewusstsein, wenn auch nur hintergründig, im ständigen Gefühl eines «diskreten Ekels».

Bei Sartre finden wir also die interessante Auffassung, es gebe neben dem konkreten physischen Ekel einen anderen, ebenfalls physischen Ekel viel diskreterer Art, der uns ständig daran erinnere, dass wir als körperliche Wesen auch *Fleisch* sind und damit ein Stück Natur. Zugleich bestimmt Sartre das Verhältnis dieses anderen, nämlich rein ontologischen Ekels zum ontischen Ekel als ein transzendentales Bedingungsverhältnis, indem er erklärt, dass «erst auf seiner Grundlage» der konkret-ontische Ekel entstehen könne. – Wir bleiben hingegen, anders als Sartre, beim konkreten physischen Ekel und fragen nun, ob sich sein intensives Nein auch aus ontologischer Quelle speist. Hier hilft uns erneut Kolnai weiter, obwohl er als Schüler von Max Scheler Heideggers Unterscheidung von ontischer und ontologischer Erfahrung nicht kennt. Im Sinne Schelers fragt er zuerst nach dem «Wesen» jenes Gemeinsamen, vor dem wir uns immer ekeln, und findet es in der «Fäulnis» (vgl. Kolnai, S. 29). Statt aber jetzt beim Wesen der Fäulnis zu verweilen, die uns von den Ekelobjekten her entgegenkommt, schlägt Kolnai intuitiv den Bogen zum sich ekelnden *Subjekt* und zeigt, dass der Ekel nicht nur dem ekelerregenden äusseren Objekt gilt, sondern immer zugleich auch sich selbst als dem sich ekelnden Subjekt. Dieser Rückbezug auf sich selbst erfolgt deshalb, weil, wer immer sich vor einem bestimmten Objekt wegen dessen wesenhaftem Bezug zur Fäulnis ekelt, in diesem

Objekt *sich selber wiedererkennt* als jenes leibliche Wesen, das aufgrund seiner eigenen Fleischlichkeit ebenfalls zum Verfaulen bestimmt ist.

Wir verdanken Kolnai also auch die Erkenntnis, dass der Ekel zweipolig ist und uns deshalb nicht nur etwas Wesentliches über das Ekelobjekt sagt, sondern auch über uns selbst. Dieser *Selbstekel* erweist sich nun als eine *ontologische Selbsterfahrung*, da er uns nichts anderes enthüllt als die prinzipielle «Verwesungsbereitschaft» unseres Körpers als Fleisch und damit den «Todessinn unseres Lebens selbst» (ebd., S. 53). Das Nein im Ekel ist also darum so heftig, weil der Ekel uns immer auch mit der Wahrheit konfrontiert, selber zum Verfaulen bestimmt zu sein. Das ist der Grund für den auffällig *paradoxen Charakter* des Neins im Ekel: Einerseits richtet sich das Nein im Ekel gegen aussen, will das Ekelhafte aus sich ausstossen, um selber «*rein*» zu bleiben; andererseits richtet sich das Nein im Ekel gegen ebendiesen Körper selbst, insofern ihm die Disposition zur eigenen Fäulnis von allem Anfang an schon innewohnt.

Gerade weil Kolnais Beschreibungen einleuchten, möchte man noch besser verstehen, wie die ontisch-konkrete Ekelerfahrung vor «Etwas» und der daraus entstehende ontologische Selbstekel miteinander zusammenhängen. Bei Sartre stellt sich diese Frage gar nicht, weil er klar zwischen dem ontischen Ekel und dem diskreten ontologischen Ekel als Hintergrundgefühl trennt. Bei Heidegger finde ich nun eine mögliche Erklärung, obwohl sie bei ihm nicht auf Emotionen, sondern aufs Verstehen bezogen ist. An der besagten Stelle geht es darum, dass in allem ontischen Verstehen von etwas auch «Existenz, ob ausdrücklich oder nicht, ob angemessen oder nicht, *irgendwie mitverstanden*» sei (SZ, S. 312). Wie man sich das vorzustellen hat, deutet Heidegger lediglich an, indem er erklärt, dass «jedes ontische Verstehen seine wenn auch nur vor-ontologischen, das heisst nicht theoretisch-thematisch begriffenen ‹Einschlüsse›» habe (ebd.). Ich versuche an einem alltäglichen Beispiel zu veranschaulichen, was mit dem Ausdruck «ontologischer Einschluss» gemeint sein könnte, und wähle dafür eine Handlung, die jeder von uns täglich öfters ausführt, nämlich auf die Uhr zu blicken, um in Erfahrung zu bringen, wie spät es ist. Die Uhr sagt uns aber immer *mehr* als nur, wie spät es ist, und dieser Überschuss an Information lässt sich mit Heidegger als dessen «ontologischer Einschluss» bezeichnen. Der Ausdruck ist treffend, weil er sagt, dass uns die Uhr zwar auch über einen *ontologischen* Sachverhalt Auskunft gibt, dieser aber zumeist im Ontischen «eingeschlossen» bleibt, sodass es für die meisten Menschen ein Leichtes ist, ihn unbeachtet zu lassen. Kurz zusammengefasst liegt der ontologische Überschuss an Information darin, dass wir an der Uhr auch erkennen können, dass die Zeit nie stillsteht, sondern ‹eisern› vorwärts- und damit auch vorbeigeht. Der Zeitanzeige einer Uhr können wir also auch entnehmen, dass wir selber zeitlich sind und unsere Lebenszeit ständig abnimmt, auch wenn wir nicht wissen, wie lange wir noch zu leben haben.

Nun wissen wir alle aus Erfahrung, dass wir, wenn wir auf die Uhr blicken, diesen «ontologischen Einschluss» in der Regel ignorieren, obwohl wir ihn beachten *könnten*. Wir blenden ihn aus, weil es im Interesse eines funktionierenden Alltags ist, sich mit dem zu beschäftigen, was jetzt konkret ansteht. Werden wir hingegen unfreiwillig auf den ontologischen Einschluss aufmerksam, drängt sich unweigerlich die pure Tatsache, *dass* die Zeit ständig vergeht, in den Vordergrund und reisst uns aus dem normalen Alltag heraus. Dank der Ausführungen in Teil I wissen wir nun, dass diese Störung des normalen Alltags kaum je die Form eines expliziten Philosophierens über das Wesen der Zeit oder über die eigene Zeitlichkeit annimmt, sondern den Charakter eines *Einbruchs der Urerfahrung der Angst in den Alltag* hat, der es schwierig macht, wieder zum normalen Alltag zurückzufinden.

Lässt sich dieses Beispiel einer alltäglichen Handlung auf eine emotionale Erfahrung wie den Ekel übertragen? Ich glaube ja, und zwar deswegen, weil der Informationsüberschuss ja auch beim Uhr-Beispiel dann, wenn wir uns von ihm betreffen lassen, statt ihn auszublenden, Angst auslöst. Man kann dann sagen, dass das ontologische Nein im Ekel in einer vergleichbaren Art in dessen ontischem Nein «eingeschlossen» ist. Und auch hier bieten sich die beiden Möglichkeiten, dass das ontologische Nein entweder eingeschlossen *bleibt*, sodass das Nein des verspürten Ekels sich nur gegen die Kontamination des eigenen Inneren durch eine konkrete *äussere* Fäulnis richtet, oder aber der ontologische Einschluss im Nein des Ekels aufbricht, sodass sich das Nein im Ekel nun auch *gegen sich selbst* als aus verwesungsbereitem Fleisch bestehendes Lebewesen richtet und zu einer heftigen Auflehnung gegen das Schicksal wird, dereinst selber ein verwesender Leichnam zu sein.

Der physische Ekel als ontologisches Nein zur verwesungsbereiten Fleischlichkeit des eigenen Körpers

Dass wir alle als Menschen aus «verwesungsbereiter Materie» bestehen, ist ein *ontologischer Sachverhalt*. Bricht also der ontologische Einschluss auf, dann wird der Ekel (auch) zu einer emotionalen *Seins*erfahrung. Er kommt dann den drei emotionalen Seinserfahrungen von Angst, Schuld und Scham nahe und bleibt doch durch eine Kluft von ihnen getrennt. Während Angst, Schuld und Scham «reine» Erfahrungen bleiben, die uns nichts anderes eröffnen als die Wahrheit über unser Menschsein in seiner nackten Faktizität, stellt der Ekel immer schon eine – verneinende – *Antwort* darauf dar. Im Ekel bäumt sich alles in uns auf gegen jene unheimliche Seinswahrheit, sagt

Nein zur unfassbaren Zumutung, als Mensch aus hinfälligem und zum Verfaulen bestimmtem Fleisch zu bestehen. Der ontologische Selbstekel kann auch aufbrechen, wenn der eigene Körper noch jung, gesund und schön ist, denn die Wahrheit, dass auch dieser junge Körper aus «verwesungsbereitem Fleisch» besteht, erscheint noch unzumutbarer und evoziert deshalb ein entsprechend heftiges Nein.

Winfried Menninghaus hebt das Unbedingte des Neins im Ekel hervor, wenn er in der Einleitung zu seinem Buch erklärt, dass im Ekel «nie weniger als alles auf dem Spiel zu stehen scheine», und es im Ekel «buchstäblich um Sein oder Nichtsein gehe».[36] Das Spezifische des Neins im Ekel liegt darin, dass es sich nicht gegen den Tod als solchen, sondern gegen verfaulendes Fleisch richtet. Wir mögen angesichts eines gereinigten menschlichen Skeletts oder eines Totenkopfs erschaudern, aber wir verspüren keinen Ekel. Darum kann auch der lebendige, aber zu schwabbelige, aus jeder Form geratene Körper von fettleibigen Menschen ekelerregend wirken.

Ich schliesse die Ausführungen zum physischen Ekel mit dem Hinweis darauf, dass das Ekelhafte auf Menschen auch eine Attraktion ausüben kann. Kolnai spricht sogar von einer «unterdrückten Lust an seinem Erreger» (S. 20). Da die sogenannte «Koprophilie» respektive «Koprophagie» meist mit sexueller Erregung verbunden ist, zählte man diese Praktiken früher zu den «sexuellen Perversionen», die inzwischen in «Paraphilie» umbenannt worden sind. Doch bekanntlich sind viele Tätigkeiten mit sexueller Erregung verbunden, insbesondere die Jagd und Formen des Extremsports. Die Ekelschranke zu überwinden würde sich dann einreihen in all jene menschlichen Bemühungen, Grenzen, die dem Menschen von Natur aus gesetzt sind oder deren Überwindung tabuisiert ist, zu durchbrechen, um eines Glücksgefühls teilhaftig zu werden, das nur auf diese Weise überhaupt zu gewinnen ist.

b) Moralischer Ekel

Vom physischen Ekel wird oft der moralische Ekel abgehoben. Er unterscheidet sich vom physischen Ekel durch sein anderes Objekt, das in den Bereich des im weiten Sinne Ethisch-Moralischen gehört. Auch der moralische Ekel fühlt sich wie ein physischer Ekel an, wenn auch meist weniger intensiv. Von seinem Objekt her aber ist der moralische Ekel ein *soziales Gefühl*, weil er durch das moralisch inakzeptable Verhalten eines Menschen provoziert wird. Zudem kann ich auch moralischen Ekel gegenüber jemandem verspüren, wenn ich lediglich *Zeuge* von dessen abstossendem Verhalten werde, und sogar auch dann, wenn ich nur über die Medien von dieser Person höre. Ein gutes Beispiel dafür ist zurzeit Donald Trump.

Der moralische Ekel ist abhängig von eigenen Wertvorstellungen. Allerdings erzeugt längst nicht jedes unmoralische Verhalten Ekel. Eine schlechthin «böse» Tat, ein schwerwiegendes Verbrechen mag in uns ein Gefühl des Entsetzens wecken und auch Angst auslösen, aber keinen Ekel. Moralischer Ekel meldet sich dann, wenn man das Verlogene, Durchtriebene, Skrupellose und damit Schamlose durchschaut, das hinter einer Fassade von Scheinheiligkeit und Selbstgerechtigkeit versteckt ist. Was moralischen Ekel erzeugt, weiss auch die Umgangssprache, wenn sie zum Beispiel gewisse Menschen als «Schleimer» bezeichnet oder davon spricht, dass etwas «faul» sei an einer Geschichte, und damit sagen will, dass hier ein unehrliches Spiel gespielt wird. Im Fussball spielt das englische Wort «foul» eine zentrale Rolle, welches im Englischen auch den Sinn von «schmutzig» hat und das *absichtlich* regelwidrige Verhalten eines Spielers während des Spiels bezeichnet. Längst zur Redensart geworden ist der Ausspruch aus Shakespeares Theaterstück *Hamlet:* «Es ist etwas faul im Staate Dänemark» («Something is rotten in the State of Denmark»). Verwandt damit ist auch die Redensart, wonach etwas «zum Himmel stinke».

Die vielen Formen von abstossendem und darum Ekel generierendem Verhalten spielen oft in jener Grauzone, die meist nicht rechtlich einklagbar ist. So kann man auch eine schamlose Selbstanpreisung «zum Kotzen» finden und diese Person als «Kotzbrocken» bezeichnen. Moralischen Ekel weckt also auch die provokative Verletzung von *Regeln des Anstandes* anderer Menschen gegenüber, in denen sich ein *mangelnder Respekt* vor anderen manifestiert, was gleichzeitig verbal verneint wird. Entsprechend empfindet man deren Verhalten als «schäbig» oder gar «dreckig», vor allem dann, wenn es sich um mangelnde Kollegialität am Arbeitsplatz handelt, die auf Kosten von wehrlosen Menschen geht und dabei immer den eigenen Vorteil im Auge hat.

Diese Beispiele erlauben, den *moralischen Ekel* von der *moralischen Empörung* zu unterscheiden. Mit moralischer Empörung oder gar mit moralischem Entsetzen reagiert man auf die Überschreitung von moralischen Geboten im engen Sinne. In der Empörung liegt die Überzeugung, dass hier ein Unrecht geschehen ist, das niemals hätte geschehen dürfen und das darum nicht nur die Verachtung, sondern auch die öffentliche Verurteilung des Täters einerseits und die öffentliche Parteinahme für das Opfer andererseits verlangt.

Der moralische Ekel kann zwar auch mit einem gewissen Gefühl des Entsetzens zusammengehen, doch betrifft dann das Entsetzen vor allem das Ausmass der Abwesenheit von Scham, das in den Ausruf mündet: «Dass der sich nicht schämt!» Demmerling und Landweer sprechen von Ekel und Scham als «komplementären Gefühlen», weil man sich selbst für das, was man an einem anderen Menschen als ekelhaft empfindet, schämen würde.[37]

Hat das Nein im moralischen Ekel auch einen ontologischen Sinn?

Wer sich vor einem konkreten Individuum moralisch ekelt, weil dessen Charakter im übertragenen Sinne so «verdorben» ist wie eine verdorbene Speise, die man beim besten Willen nicht mehr essen kann, ohne sich übergeben zu müssen, sagt *ontisch* Nein zu ihm. Nun kann es aber charakterlich verdorbene Individuen nur geben, weil in der *conditio humana* die Bedingungen dafür bereitliegen. Das legt die Vermutung nahe, dass auch der moralische Ekel sich nicht nur von einer verdorbenen Person abstossen will, sondern in eins damit auch von der moralischen Indifferenz der menschlichen Natur, die solch verdorbene Charaktere ermöglicht. Dann würde das Nein im moralischen Ekel auch den ontologischen Sinn einschliessen, sich verzweifelt gegen *jene Beschaffenheit der menschlichen Natur* aufzulehnen, die an ihr selbst *indifferent* ist dagegen, dass nicht nur Einzelne, sondern auch die Menschheit im Ganzen die ihr von Natur aus mitgegebene Freiheit so nutzen kann, dass zu guter Letzt sie selbst als Gattung untergeht. Der moralische Ekel käme hier dem misanthropischen Gefühl nahe, respektive Letzteres würde sich als moralischer Ekel vor dem Menschen als Menschen entpuppen.

c) Existenzieller Ekel

Es gibt neben dem moralischen Ekel noch einen anderen Ekel, der sich wohl am treffendsten als «existenzieller» Ekel charakterisieren lässt. Diesem Ekel hat Sartre bereits 1938, also fünf Jahre vor Erscheinen von *Das Sein und das Nichts* (1943), ein Denkmal gesetzt mit seinem Roman mit dem Titel *Der Ekel* (*La nausée*).[38] Er enthält das Tagebuch des Romanhelden Antoine Roquentin, der uns teilhaben lässt an seinen Beobachtungen und Erlebnissen, die alle von einem Ekelgefühl zeugen und dieses zugleich immer neu nähren. Dieser Ekel enthüllt ihm zugleich auch, wie es in Wahrheit um alles steht, was ist, inklusive der menschlichen Existenz: «Alles ist grundlos, dieser Park, diese Stadt und ich selbst. Wenn es geschieht, dass man sich dessen bewusst wird, dreht es einem den Magen um, und alles beginnt zu schwimmen ...: das ist der Ekel». Eine analoge Formulierung findet sich auch bei Kierkegaard: «Mein Leben ist zum Äussersten gebracht, ich ekle mich am Dasein, es ist geschmacklos, ohne Salz und Sinn. ... Man steckt den Finger in die Erde, um zu riechen, in welchem Land man ist; ich stecke den Finger ins Dasein, es riecht nach – Nichts».[39]

Beide Male mag der Ekel durch ein konkretes Vorkommnis ausgelöst sein, er wandelt sich aber zu einem Ekel gegenüber allem, inklusive dem menschlichen Existieren, weil alles ohne Grund (Sartre) und ohne Sinn (Kierkegaard) ist. Als ein Gefühl, welches die Grund- und Sinnlosigkeit von allem, was ist, war und sein wird, erfahrbar macht, erhält es *ontologischen Rang*, wie wir das in Teil I für Angst, Schuld und Scham beansprucht haben – mit dem grossen Unterschied allerdings, dass auch für den Ekel als ontologische Erfahrung die Verneinung zentral ist. Diese kommt weder nachträglich hinzu noch hat sie den Charakter eines Urteils, sondern es handelt sich hier um den «ontologischen Einschluss» in jenem ontischen Nein zu all jenen konkreten Erlebnissen, vor denen es Roquentin existenziell ekelt. Korrekterweise ist dann dieser Ekel auch nicht mehr als existenzieller, sondern als *existenzialer Ekel* zu bezeichnen. Er erfüllt Roquentin dann, wenn er sich vor der Nichtigkeit der menschlichen Existenz als solcher ekelt, und wenn er «Nein» sagt zur *conditio humana* und damit auch zu sich selbst *als Menschen*.

Der existenziale Ekel verneint das Sein von Welt und Selbst in seiner Sinn- und Grundlosigkeit – verneint es als eine schlichtweg unverdauliche und damit auch unlebbare Zumutung. Das «Nichts», nach dem es bei Kierkegaard riecht, ist die Abwesenheit von Sinn, ist das Sein in seinem nackten «Dass». So wie uns primär ontisch alles anekelt, was *nach Fäulnis riecht*, weil es uns an den Tod gemahnt, ekelt uns ontologisch alles an, was *nach Nichts riecht* – nämlich nach sinn-barer Faktizität.

Sartre benutzt immer wieder den Ausdruck «de trop», «zu viel». Was grund- und zwecklos ist, das ist auch «zu viel», ist überflüssig und verdient darum nicht, überhaupt da zu sein. Menninghaus trifft die Sache nur halb, wenn er erklärt, dass in der ontologischen Ekel-Erfahrung «alle falschen Legitimationen» absterben und sich auflösen würden, also auch jede falsche Rechtfertigung menschlicher Existenz (Menninghaus, S. 512). Sagt der existenziale Ekel bei Sartre wirklich nur Nein zu falschen Legitimationen, oder entlarvt er nicht vielmehr alle Legitimationen als «falsch», weil die menschliche Existenz in Wahrheit gar nicht zu rechtfertigen ist? Sartre erklärt genau deshalb den ontologischen Ekel zu einer «wahren» Erfahrung, die einen *authentischen Kontakt* mit der eigenen Existenz herzustellen vermöge, weil der Ekel die Tatsache, dass das eigene Sein nicht zu rechtfertigen ist, als eine Zumutung erschliesst, von der man sich meist angeekelt abzuwenden wünscht.

2. Das Nein des Neides gegen die Bevorteilung des Anderen

a) Kleine Phänomenologie des Neides

Auch der Neid kommt hier zur Sprache, weil ihm eine starke Verneinung eigen ist. Zudem ist er, wie der Ekel, ein weit verbreitetes Gefühl unter Menschen: Jeder kennt den Neid, sei es, indem man selbst den Anderen beneidet oder indem man vom

Anderen beneidet wird. Wir wollen auch bezüglich des Neides untersuchen, wie es sich mit seiner Verneinung verhält: ob sie sich nur gegen bestimmte Personen respektive konkret-individuelle Umstände richtet oder ob in diesem konkreten Nein auch ein Nein gegen eine schwer erträgliche Seinswahrheit «eingeschlossen» ist, die den Menschen als solchen betrifft. Für den Neid sind, anders als für den Ekel oder die Verzweiflung, seine *moralische Verurteilung* und seine *soziale Ächtung* charakteristisch. Einleitend will ich typische Eigenheiten des Neides vorstellen.

- *Der Neid als soziales Gefühl.* Der Neid richtet sich immer auf andere Menschen, sei es auf Einzelne oder auf Gruppen. Im Neid geht es also um das Verhältnis zum «Anderen». Aber jetzt ist der Andere nicht mehr, wie im Kapitel über die Scham, ein *Anderer* in seiner puren Andersheit, sondern er ist eine *bestimmte individuelle Person* und also immer ein *Mit*mensch, sei es mein Bruder oder Nachbar, mein Mitschüler oder Arbeitskollege, ein lokaler Fussballstar oder die Dorfschönheit. Im konkret-ontischen Leben kümmert uns nicht die grundlegende Tatsache, dass jeder ein Einzelner und also auch jeder anders ist als alle Anderen, sondern es kümmern uns die konkreten Differenzen zwischen den Menschen. Diese konkreten Differenzen machen, dass die einen bevorteilt und die anderen benachteiligt sind. Ohne die Bedeutung dieser qualitativen und quantitativen Differenzen respektive ihre jeweilige soziale Bewertung gäbe es keinen Neid unter den Menschen.

- *Der Neid als Gefühl des Vergleichs.* Jedes Neidgefühl auf jemanden setzt voraus, dass man sich mit dieser Person vergleicht. Nun ist die Fähigkeit zum expliziten Vergleich nur Menschen gegeben, weil ein Vergleich immer die spezifisch menschliche Fähigkeit zur Selbstwahrnehmung und Selbsteinschätzung voraussetzt. Nur wer ein bestimmtes Bild davon hat, wer er als diese Person ist, kann sich mit anderen Personen vergleichen. Nun führt ein Vergleich allerdings noch keineswegs notwendig zu Neid. Solange das Vergleichen beim blossen Wahrnehmen von Differenzen stehen bleibt, folgt daraus kein Neid. So erkenne ich eine bestimmte Freundin schon von weitem an ihrer speziellen Gangart: Sie geht schneller als ich, macht grössere Schritte und ist dabei leicht nach vorne geneigt. Ihre besondere Gangart ist eines ihrer Erkennungszeichen, sie gehört zu ihr und passt zu ihr – mehr nicht. Das blosse Feststellen von individuellen Differenzen genügt offensichtlich nicht, um Neid zu wecken.

- *Der Neid als Gefühl eigener Benachteiligung.* Neid kann erst auftauchen, wo Differenzen *bewertet* werden, wo nicht mehr nur die qualitativen Eigenheiten der einen und anderen Gangart voneinander abgehoben werden, sondern wo diese Eigenheiten nach Kriterien der Schönheit, der Anmut, der Leichtigkeit und Jugendlichkeit, der sexuellen Attraktivität usw. beurteilt werden und das Vergleichen von diesen Werturteilen geleitet wird. Jetzt hat das Vergleichen nicht mehr die Struktur von «ich so – er anders», sondern von «ich weniger – er mehr»; «ich schlechter – er besser». Jetzt wird der Gang der Freundin daraufhin angeschaut, ob er grazilier wirkt als der meine und darum mehr Blicke auf sich zu ziehen vermag usw. Fällt jetzt der Vergleich zugunsten der Freundin aus, sind die Bedingungen gegeben, auf ihren Gang neidisch zu werden – was allerdings nicht heisst, dass sich auch tatsächlich Neid einstellt oder gar notwendig einstellen müsste, sondern nur, dass sich Neid einstellen *könnte*. Generell *kann* also bei mir Neid dann auftauchen, wenn ein wertender Vergleich für mich negativ ausfällt. Fällt er hingegen zu meinen Gunsten aus, kann ich mich beruhigt oder gar ihr überlegen fühlen, kann sich sogar eine heimliche *Schadenfreude* einstellen – oder aber das Gefühl von *Schuld* darüber, bevorteilt zu sein.

Nicht eigene Begrenzungen oder eigene Entbehrungen führen als solche zu Neid, sondern immer erst der vom je sozial herrschenden Wertekanon geleitete Vergleich mit anderen Menschen, die ohne solche Begrenzungen und Entbehrungen leben können und dadurch auch mehr soziale Anerkennung geniessen als ich.

- *Worum ich den Anderen beneide.* Damit bei mir Neid auftaucht, genügt es nicht, dass ein Anderer hat, was ich entbehre, sondern der eigene Mangel muss mich *schmerzen* oder *kränken*. Der Neid ergibt sich also nicht schon aus dem für mich negativ ausfallenden Vergleich mit dem Anderen, sondern entsteht dann, wenn ich das, was der Andere hat, auch für mich selbst erstrebenswert finde, aber keine entsprechende Chance sehe, dies auch für mich zu gewinnen, und mich darum *benachteiligt fühle.* Neid hat also immer mit eigenen unerfüllten Wünschen zu tun. Mehr Besitz oder schöneres Aussehen oder grösserer beruflicher Erfolg sind deshalb besonders häufige Neidobjekte, weil es sich dabei um sozial hoch bewertete Güter handelt, die nicht nur mehr Genuss, sondern auch mehr soziale Beachtung versprechen.

- *Warum Bewunderung oft in Neid umschlägt.* Man täuscht sich, wenn man annimmt, Neid treffe vor allem jene internationalen Top-Shots in Sport, Wirtschaft, Kultur oder Politik, die auch ständig in den Medien präsent sind. Im Neid geht es oft um kleine Benachteiligungen, die mich von Personen meiner nahen Umgebung negativ abheben, denen ich nahestehe oder mit denen ich viel zu tun habe, also Geschwister oder Mitschüler, Kollegen am Arbeitsplatz, Nachbarn, Mitglieder desselben Vereins usw. Bei den nationalen und gar internationalen Stars bleibt es meist bei *Bewunderung*, und wenn es sich um extrem hohe Löhne oder Boni wie im Bankensektor handelt, melden sich zwar Wut oder Verachtung und moralische Empörung, aber kaum Neid. Damit eine anfängliche Bewunderung in Neid umschlägt, muss das, was der Beneidete ist oder hat oder kann, *im Bereich des Vergleichbaren* liegen. Ich kann einen internationalen Starpianisten als Hobby-Klavierspielerin bewundern, aber nicht ernsthaft beneiden, weil unser beider Können schlicht nicht miteinander vergleichbar ist. Umgekehrt kann ich eine ehemalige Schulfreundin um ihren sozialen Aufstieg beneiden, weil sie in denselben randständigen Verhältnissen aufgewachsen ist wie ich selber und doch das Glück hatte, nun zur privilegierten Klasse zu gehören.

- Gibt es einen benignen und einen malignen Neid? Seit alters wird zwischen zwei Formen des Neides unterschieden, einem gutwilligen und einem böswilligen, im Russischen als «weisser» und «schwarzer» Neid bezeichnet. Der weisse Neid ist erlaubt, weil er «weiss», also rein und unschuldig ist, besteht er doch lediglich im Wunsch, das, was der Andere hat, auch für sich zu erwerben. Für diesen Neid ist charakteristisch, dass er dem Anderen gönnt, was dieser hat. Weil dieser Neid die Eigenaktivität anspornt, gilt er als durchaus produktiv. Für den schwarzen Neid ist hingegen die *Missgunst* charakteristisch, weshalb er als moralisch schlecht verurteilt wird. Doch wann wird der Neid missgünstig? Im Gefühl der Missgunst spreche ich dem Anderen das *moralische Recht* auf seine Bevorteilung ab und klage damit indirekt die *Ungerechtigkeit der eigenen Benachteiligung* ein. – Nun erscheint es mir fraglich, ob es den benignen Neid ganz ohne ein Quäntchen Missgunst realiter überhaupt gibt. Dass viele von Neid sprechen, aber dann jegliches Gefühl von Missgunst weit von sich weisen und betonen, dass sie dem Anderen seine Bevorteilung von Herzen gönnen würden, ist oft scheinheilig und hat mit dem schlechten Ruf zu tun, den der schwarze Neid jedenfalls in der jüdisch-christlichen Kultur hat. Jemanden als «neidisch» zu bezeichnen, ist darum auch heute eine oft eingesetzte Waffe, um Personen moralisch zu diskreditieren, die Kritik an Menschen üben, die sich

beispielsweise skrupellos bereichern. – Für meine Fragestellung kann ich den Neid nur als mit Missgunst gepaart verstehen und ebendarum zu jenen Gefühlen rechnen, denen eine starke emotionale Verneinung eigen ist.

- Ist der maligne Neid zu Recht moralisch geächtet? Machen wir uns zuerst klar, dass der Neid – anders als Ekel und Verzweiflung – zu jenen Gefühlen gehört, die überhaupt ein moralisches Urteil zulassen. Der Neid zwingt sich einem nicht einfach wider Willen auf wie der Ekel und man fällt auch nicht in den Neid wie in einen Gefühlszustand der Verzweiflung, sondern der Neid ist immer nur *eine* von verschiedenen emotionalen Reaktionen, die man als Individuum im Falle einer Benachteiligung einnehmen kann. Darum wird der Neid jenen Emotionen zugerechnet, für die *jeder verantwortlich gemacht werden kann.* Über die Frage, ob der maligne Neid *zu Recht* moralisch geächtet ist, lässt sich meines Erachtens streiten. Gewiss gefährdet er, wenn er sich auf nahestehende Personen richtet, oft den Frieden in jener Gruppe, der beide zugehören (Familie, Arbeitsteam, Freizeitverein usw.). Das rechtfertigt aber nicht, den schwarzen Neid generell als unmoralisch zu verurteilen. Man kann nicht verkennen, dass der Neid in unserer Kultur faktisch seit jeher weniger aus wirklich moralischen als aus machtpolitischen Gründen verurteilt worden ist und auch heute noch wird. Die Neider wurden und werden als kleinlich und missgünstig gebrandmarkt, um davon abzulenken, dass sie mit ihrem Neid meist auf empörend ungerechte Verhältnisse reagieren und insofern gute Gründe für ihren Neid haben. – Es scheint mir deshalb angemessener, zwischen einem rational begründeten Neid, der aus einer sachlich nicht zu rechtfertigenden Benachteiligung entspringt, und einem Neid, der aus einem subjektiven Leiden an sich selbst entspringt, zu unterscheiden.

– *Wogegen richtet sich das Nein im Neid?* Diese Frage lässt sich aus den bisherigen Ausführungen nur summarisch beantworten. Zumeist richtet es sich gegen Personen, die mir im Vergleich als *ungerecht bevorteilt* erscheinen. Die emotionale Überzeugung «Es ist nicht gerecht so wie es ist» gibt dem Neider das Gefühl, trotz aller moralischen Diffamierung *ein Recht auf seinen Neid zu haben* und damit auch ein Recht darauf, die Bevorteilung des Anderen als einen nicht zu rechtfertigenden Tatbestand zu verneinen. Das dem Neid immanente Nein ist allerdings lediglich eine *emotionale Auflehnung* gegen eine wiederum *nur emotional empfundene Ungerechtigkeit*, die noch vor aller rationalen Begründung liegt. Darum ist auch die Überzeugung von der Rechtmässigkeit des eigenen Neides primär nur emotionaler Art. Rationale Argumente kommen erst nachträglich hinzu, um den eigenen Neid gegen die übliche soziale Diskriminierung und die dadurch erzeugten eigenen Schuld- und Schamgefühle zu verteidigen. Die starke Verbreitung des Neidgefühls trotz aller moralischen Ächtung legt die Vermutung nahe, dass jedermann früher oder später für sich die Entdeckung der sozialen Ungleichverteilung von Besitz, Chancen und Status macht, und dass diese Entdeckung für jeden Benachteiligten in seiner puren Faktizität etwas Unfassbares an sich hat, das ihn stumm und ohnmächtig zurücklässt. Der Neid lässt sich aufgrund dieser Vermutung als eine *primäre emotionale Antwort* auf die Erfahrung eigener Ohnmacht gegenüber dem nackten Dass der Ungleichverteilung zugunsten von anderen verstehen. Das Nein im Neid ist also, wenn auch meist unbewusst, ein Ja zu sich selbst und ein Ja zu einem rechtmässigen Anspruch auf *Veränderung* zu den eigenen Gunsten. Diese Deutung erhält Unterstützung durch die Beobachtung, dass einem anderen Menschen seine Bevorteilung meist gegönnt wird, wenn man den Eindruck hat, sie stünde ihm rechtens zu, weil er sie aufgrund von besonderen Leistungen oder einer besonderen moralischen Integrität auch verdiene.

Damit haben wir aber erst das manifeste Nein im konkreten Neid geklärt, derweil uns doch gerade das ontologische Nein besonders interessieren müsste. Ob das Nein im Neid als seinen «ontologischen Einschluss» auch noch ein Nein enthält, das sich gegen die *conditio humana* richtet – die Antwort auf diese Frage hängt von der Lösung eines Problems ab, dem wir uns zuerst zuwenden müssen.

b) Der Wunsch als Vater des Neides

Bis jetzt wissen wir, dass das Auftauchen des Neides an zwei Bedingungen geknüpft ist: dass man sich mit anderen vergleicht und dass man einen eigenen Wunsch hat. Es gilt also beides: kein Neid ohne Vergleich und kein Neid ohne Wunsch. Mit dieser Erkenntnis stellt sich nun aber ein Problem, das meines Wissens als Einziger *René Girard* aufgeworfen hat. Girard stellte nämlich die Frage, wie Wunsch und Neid zusammenhängen und wann also der Mensch Anlass hat, andere zu beneiden.[40] Wir müssen die Frage Girards hier aufnehmen, weil sie für das Verständnis des *Neins im Neid* enorme Konsequenzen hat.

Zur modernen Auffassung vom Menschen als *autonomem Subjekt* gehört die Vorstellung, dass die einem Menschen eigenen Wünsche auch wirklich die seinen sind: aus ihm selbst entstanden und durch ihn selbst generiert. Sie können darum als ursprüngliche Zeugnisse seiner eigenen Individualität gelten. Das Streben nach Selbstverwirklichung ist darum nichts anderes als das Streben nach Realisierung der eigenen Wünsche. Gemäss der Vorstellung von der Selbstgenerierung der eigenen Wünsche kommt der *Vergleich* mit den anderen erst dann ins

Spiel, wenn ich mich mit meinem inneren Wunsch nach aussen wende, um ihn zu verwirklichen. Dann bin ich mit anderen konfrontiert, die denselben oder einen ähnlichen Wunsch haben und mir deshalb in die Quere kommen können. Mit ihnen vergleiche ich mich jetzt, beobachte, wie sie es anstellen, frage mich, ob sie die besseren Chancen haben, ob ihnen die Realität weniger Hindernisse in den Weg legen wird als mir oder ob sie sogar versuchen, mir Steine in den Weg zu legen. Sie alle sind potenzielle Konkurrenten, auch wenn sie ihren selbigen Wunsch (zum Beispiel nach einer gut bezahlten Stelle oder einer Liebesbeziehung) konkret auf andere Angebote richten. Ein Spezialfall ergibt sich dann, wenn ich mich um denselben freien Job bewerbe oder dieselbe Frau umwerbe. Aber auch wenn das nicht der Fall ist, können Rivalitätsgefühle auftreten, verbunden mit Befürchtungen, viele andere könnten schneller oder tüchtiger oder einfach vom Glück begünstigter sein als ich. Diese Rivalitätsgefühle wandeln sich in dem Moment in Neidgefühle, wenn ich selber vor unüberwindlich scheinenden Hindernissen kapituliere und zugleich feststelle, dass andere aus meinem Bekanntenkreis mit der Verwirklichung derselben Wünsche erfolgreich waren.

Für René Girard manifestiert sich in der Vorstellung vom Wunsch als Eigenproduktion der Seele eine masslose Überschätzung der menschlichen Fähigkeit zur Autonomie. Deshalb setzt er gegen diese typisch moderne Auffassung des autonomen Wunsches seine eigene Auffassung vom *Wunsch als Mimesis.* Der angeblich im seelischen Innenleben jedes Einzelnen entstehende Wunsch kommt nach Girard in Wahrheit immer *von aussen*, nämlich vom anderen Menschen her, dessen Wünsche *nachgeahmt* werden. Die vermeintlich eigenen Wünsche verdanken sich also in Wahrheit einer ganz *elementaren Interaktion*, nämlich der Nachahmung der Wünsche von anderen.

Girard fasst den Menschen zwar auch als ein Wesen, das von sich selbst her begehrt, nur findet der Mensch aus sich selbst kein Objekt, auf das er sein Begehren richten könnte. Aus dieser zum Menschen als radikal endlichem Wesen gehörenden Unfähigkeit, selbst herauszufinden, was für ihn wünschenswert ist, wendet sich jeder unweigerlich dem Anderen zu. Das Problem besteht nun darin, dass aus der eigenen Ohnmacht heraus jeder dazu neigt, den Anderen zu überschätzen, das heisst ihm zu unterstellen, dass er wisse, was überhaupt wünschenswert sei. Die Nachahmung der Wünsche des Anderen folgt also immer aus einer Überschätzung des Wissens des Anderen, die ihn zum *nachahmenswerten Vorbild* werden lässt.

Girard zufolge beginnt also nicht nur das *Vergleichen* bereits während der Entstehungsphase der eigenen Wünsche, sondern mit ihm auch schon der Neid auf den Anderen. Girard spricht deshalb auch vom «mimetischen Neid». Der Neid taucht bei ihm also früher auf, weil der Andere ja schon in der Entstehungsphase der Wünsche eine fundamentale Rolle spielt. Da dem Vorbild ein Mehrwissen unterstellt wird, das ihn überlegen erscheinen lässt, wandelt sich die anfängliche Bewunderung schnell einmal in Neid auf ihn. Wir sehen uns also unversehens mit zwei Arten von Neid konfrontiert.

Der «primäre Neid» des Säuglings bei Melanie Klein

Die Kinderpsychoanalytikerin *Melanie Klein* hat eine Theorie des «primären Neides» entwickelt, die von der Erfahrung elementarer Enttäuschung bzw. elementaren Entzugs am Anfang des Lebens ausgeht. Sie bezeichnet den Neid als «primär», weil er dann entsteht, wenn die vorgeburtliche Selbstverständlichkeit der ständigen Verfügbarkeit der Mutter als des zentralen Objekts der Bedürfnisbefriedigung nach der Geburt plötzlich verloren geht und den jungen Erdenbürger dem Schock aussetzt, ertragen zu müssen, dass seine Bedürfnisse über eine gewisse Zeitspanne hinweg unbefriedigt bleiben, was ihn zugleich der erstmaligen Erfahrung totaler Ohnmacht aussetzt.[41]

Dass Melanie Klein dem erst wenige Wochen alten Säugling bereits die seelische Kompetenz zu differenziertesten Phantasien unterstellt, kann zwar nicht überzeugen. Ihre Neidtheorie ist aber trotzdem relevant, weil sie jenen Neid beschreibt, den Menschen empfinden können, die überzeugt sind, dass ihre ureigensten Wünsche, auf deren Erfüllung sie ein elementares Recht haben, weil es ihre eigenen Wünsche sind, unerfüllt bleiben: einen *aktiven, hasserfüllten und auf Rache zielenden Neid*. Melanie Klein zufolge hat der Säugling die Phantasie, dass die Mutter ihm die Brust verweigert, um die eigene Brust und den Penis des Vaters ununterbrochen gemeinsam als Paar geniessen zu können (vgl. Klein I., S. 211). Abgelöst vom Kleinkind heisst das, dass der Andere, der hat, was ich nicht habe, mich bewusst Mangel leiden lässt, weil er absolut nur auf sich und seinen eigenen Genuss bezogen ist. Diese Grausamkeit des Anderen rechtfertigt nicht nur den eigenen Neid auf ihn, sondern auch den eigenen Hass und den Wunsch, ihm alles, was er hat und geniesst, zu rauben und zu zerstören.

Melanie Klein kann plausibel machen, dass das Kleinkind diesen hasserfüllten Neid braucht, um sich vor der traumatisierenden Angst, der Mutter gänzlich gleichgültig zu sein, schützen zu können (vgl. ebd., S. 190 f.): Ist der Neid mit solchen Phantasien verbunden, kann sich das wehrlose Kleinkind als ein aktiver Rächer phantasieren, der die sich ihm verweigernde Brust zu verderben und zu zerstören vermag (vgl. Klein II, S. 227). Eine solche protektive Funktion erfüllt der hasserfüllte Neid zweifellos auch bei Erwachsenen, gewinnt doch der Benachteiligte wenigstens in der Phantasie ein Gefühl von Eigenaktivität zurück.

Der Neid des mimetisch wünschenden Subjekts bei René Girard

Girards Auffassung des Wünschens als Mimesis führt ihn zu einer anderen Neidauffassung. Das hat damit zu tun, dass mit der blossen Nachahmung der Wünsche des Anderen auch schon der Neid geweckt wird. Warum? Girard betont, dass die Bewunderung für den Anderen schnell in Neid auf ihn umschlägt. Allerdings nicht, weil das Vorbild tatsächlich hat, was ich selber nicht habe, sondern weil ich ihm bloss unterstelle, jenes Mehrwissen zu haben, das dieser in Wahrheit gar nicht hat. Dieser Hinweis macht schon deutlich, dass bei Girard der Neid von einer tragischen Illusion abhängig ist.

Wenn das Wünschen ein mimetischer Vorgang ist, in welchem jeder seine Wünsche vom Anderen her bezieht, dann hat der Andere von Anfang an eine ganz andere Bedeutung. Er ist nicht nur ein möglicher Erfüllungsgehilfe oder aber ein mögliches Hindernis bei der *Erfüllung* meiner eigenen Wünsche, sondern ich bin von allem Anfang an von ihm abhängig, weil ich darauf angewiesen bin, von ihm zu erfahren, *was* auch für mich *wünschenswert* ist.

Dass der Mensch aufgrund seiner Endlichkeit darauf angewiesen ist, die Wünsche des Anderen nachzuahmen, ist für Girard sein Verhängnis: «Es ist der mimetische Wunsch als solcher, der den Menschen ins Verderben stürzt»,[42] weil dieser unweigerlich zu einem letztlich gewaltbereiten Neid führt. Diese These verlangt eine Erklärung, die Girard selber nur andeutet, etwa an der folgenden Stelle: «... der Mensch [ist] von intensiven Wünschen beseelt, weiss aber nicht genau, was er wünscht: Er begehrt das Sein – jenes Sein, das ihm seinem Gefühl nach fehlt und von dem ihm scheint, ein Anderer besitze es. Das Subjekt erwartet von diesem Anderen, dass er ihm sagt, was gewünscht werden muss, um dieses Sein zu erlangen.»[43]

Damit spricht Girard, ohne den Begriff zu verwenden, von einem «ontologischen Wunsch» nach dem «Sein», der zum Menschen gehört und den er erfüllt haben möchte. Es gehört wiederum zur Endlichkeit des Menschen, dass jeder der Illusion anhängt, ein Anderer sei im Besitz des Seins und wisse darum, über welchen konkreten Wunsch man selber auch zum Sein gelangen könne. Damit erhält die Nachahmung ganz unerwartet einen ontologischen Sinn. Es geht gar nicht nur darum, die konkreten Wünsche nachzuahmen, sondern es geht darum, über deren Nachahmung für sich das «Sein» zu gewinnen. Erst das gibt der Mimesis eine wahrhaft dramatische Note. Denn jetzt kann die Nachahmung des Vorbilds immer nur enttäuschen. Dafür kann zwar das Vorbild nichts, weil es gar nicht im Besitz des Seins ist. Das nachahmende Subjekt aber unterstellt nun dem Vorbild, ihm das Sein *absichtlich* vorzuenthalten – und genau diese Unterstellung führt ins Verderben.

Girard zufolge zeigt die Geschichte, dass die Enttäuschung nicht zur Erkenntnis führt, sich getäuscht zu haben, sondern zum Umschlag der bisherigen Bewunderung in einen hasserfüllten Neid, der dem Neid des hungrigen Säuglings bei Melanie Klein an Intensität und Brutalität in nichts nachsteht, nur dass bei Girard dem Neid nicht nur eine phantasierte, sondern eine *reale* Gewaltbereitschaft innewohnt.[44]

Der Teufelskreis von Seinsbegehren, Gier und gewaltbereitem Neid

Melanie Klein hebt immer wieder die *orale Gier* des Säuglings hervor. Wie immer es sich diesbezüglich beim Säugling verhalten mag, so hat sie damit doch ebenfalls ein Phänomen gewürdigt, das zum Drama des Wünschens gehört. Gierig ist, wer nie genug bekommt, weil nichts ihn zu sättigen vermag. Geht man aber davon aus, dass in jedem konkreten Wunsch als ontologischer Einschluss der Wunsch nach «Sein» im Sinne von «wunschlosem Glücklichsein» oder «wunschlosem Ganzsein» steckt, dann entsteht die Gier aus dem notwendigen Unerfülltbleiben des ontologischen Wunsches. Der Gierige ist *hellhörig* dafür, dass keine konkrete Wunsch*erfüllung* bringt, wonach er sich wirklich sehnt.

Das bekannte Kinderlied vom «Hans im Schnäggeloch», der alles hat, was er will, und doch leer ausgeht, handelt vom Insistieren auf einer restlosen Befriedigung und seinen Folgen: «Was Hänschen hat, das will er nicht, und was er will, das hat er nicht». Hänschen wendet sich immer wieder enttäuscht von allem ab, was er gewonnen hat, weil es nicht das gebracht hat, was er davon erwartete, nämlich die volle Befriedigung, und wendet sich darum ständig dem zu, was er noch nicht hat, erneut erwartend, damit endlich die restlose Befriedigung zu finden. Hänschen muss darum für sein Gefühl immer leer ausgehen, weil es nie das bringt, was er erhofft. Spinnt man diese Geschichte im Sinne Girards weiter, dann muss sich seine eigene Gier und zugleich der Hass auf die anderen, die vermeintlich haben, was ihm immer fehlt, ins Masslose steigern.

c) Autonomer und mimetischer Neid

Wenn es zwei Arten des Neides gibt, dann müssen sich auch die jeweiligen «Neins» voneinander unterscheiden, und zwar nicht nur darin, *was* je verneint wird, sondern auch *wie*.

Nun hat schon die anfängliche kleine Phänomenologie des Neides gezeigt, dass das Nein im Neid jedem Neid die *Missgunst* einpflanzt. Beide Arten des Neides sind also missgünstig. Diese Missgunst lässt sich jetzt aber auch ent-subjektiviert verstehen: nicht als ein «*ich* missgönne dem Anderen, was er hat», sondern ich erfahre im Gefühl der Missgunst die «Gunst» als misslich, das heisst als ungerecht verteilt zum Vorteil des Anderen und zu meinem eigenen Nachteil. Diese Missgunst zu verspüren hat dann grundsätzlich nichts Unmoralisches an sich, sondern ist Parteinahme für das eigene Recht und gegen die als ungerecht empfundene Bevorteilung des Anderen.

Worin liegt nun aber die Differenz zwischen dem Nein im Neid des autonom wünschenden Subjekts und dem Nein im Neid des mimetisch wünschenden Subjekts?

Das ontisch-ontologische Nein im Neid des autonom wünschenden Subjekts

Das autonom wünschende Subjekt ist erst dann gezwungen, sich der äusseren Realität zuzuwenden, wenn es um die *Erfüllung* seiner eigenen Wünsche geht. Hier erwacht der Neid entweder gegen jene, die man als die absichtlichen Verhinderer glaubt identifizieren zu können, oder gegen jene, die von irgendwelchen Begünstigungen oder auch nur Zufällen profitieren konnten und denen es darum geglückt ist, ihre eigenen Wünsche weitgehend zu erfüllen. Beides wird als Unrecht empfunden. Nun hat schon Aristoteles darauf hingewiesen, dass etwas «von Natur aus gerecht oder ungerecht» sein könne.[45] Auf dieses Naturrecht kann sich das autonom wünschende Subjekt berufen, um seine emotionale Überzeugung, dass ihm Unrecht geschehen sei, zu legitimieren. Wer die Erfahrung machen muss, dass er auf den Wunsch, sein Leben selber und also nach eigenen Wünschen zu gestalten, verzichten muss, sagt Nein aus einem eigenen Unrechtsempfinden heraus. Er fühlt sich darum nicht einfach in seinem Narzissmus, sondern in seinem Gerechtigkeitsempfinden verletzt. Dieses Nein gegen das ihm als Individuum angetane konkrete Unrecht schliesst auch ein *ontologisches Nein* ein. Es ist das Nein gegen eine «Ungerechtigkeit», die in der *conditio humana* angelegt ist und in Heideggers Begriff der *Geworfenheit* zum Ausdruck kommt. Das Nein richtet sich gegen das grundsätzliche Unrecht, das darin besteht, als Einzelner in eine bestimmte Welt hinein*geworfen* zu sein, die zufällig besser oder zufällig schlechter sein kann und somit jeden Einzelnen zufällig bevorteilt oder zufällig benachteiligt.

Das ontologische Nein im Neid des autonom wünschenden Subjekts hat immer einen *verzweifelten* Zug, denn bereits die Grundtatsache, dass die Chancen immer schon und immer wieder neu ungerecht verteilt sind, ist, wie man zu sagen pflegt, «zum Verzweifeln». Ebenso viel Anlass zum Verzweifeln gibt die Tatsache, dass sich die bevorteilten Menschen die pure Gunst des Zufalls meist als ihr eigenes Verdienst anrechnen und entsprechend den Neid der Benachteiligten diffamieren, statt sich aus Dankbarkeit für ihren bevorzugten sozialen Status für eine gerechtere Welt einzusetzen.

Bewusst provokativ wähle ich als Beispiel dafür *Freuds Theorie vom Penisneid der Frau*. Es ist mir zwar klar, dass das heute obsolet erscheinen muss, doch mir passt das Beispiel, weil der Penisneid, anders als nur individuell motivierte Neidgefühle, ein rein ontologisches Nein enthält. Erstens hat dieses Nein seinen Grund in der *conditio humana*, zu der die Geschlechterdifferenz gehört. Zweitens ist dieses Nein realiter ohne Aussicht auf Erfolg. Umso erstaunlicher ist Freuds Hinweis, dass die meisten Frauen sich weigern würden, die Unerfüllbarkeit des Peniswunsches einzusehen: «Zu keiner Zeit der analytischen Arbeit leidet man mehr unter dem bedrückenden Gefühl erfolglos wiederholter Anstrengung, unter dem Verdacht, dass man ‹Fischpredigten› hält, als wenn man die Frauen bewegen will, ihren Peniswunsch als undurchsetzbar aufzugeben ...».[46] Im Penis*neid* sagt die Frau *Nein zum ungerechten Schicksal*, auf jenes extrem kostbare und sozial höchstbewertete Körperteil verzichten zu sollen, welches dem Mann als Mann *in allen pa-*

triarchalischen Gesellschaften einen höheren Seins-Status verleiht. Dass die Frauen, wie Freud betont, verzweifelt am Penis*wunsch* festhalten, legt die Deutung nahe, dass sich für die sozial benachteiligten Frauen im Wunsch nach dem Penis das von Girard herausgestellte Begehren nach dem «Sein» konkretisiert. Die Frauen beneiden den Mann um ihren Penis, weil er das soziale «Ganz- und Vollkommen-Sein» symbolisiert, von dem sie sich ungerechterweise ausgeschlossen fühlen.

Der Sinn des Neins im Neid des mimetisch wünschenden Subjekts

Stammt auch das Nein im Neid des heteronom Wünschenden aus einem «natürlichen» Rechtsempfinden? Sobald wir uns erinnern, wogegen sich das Nein in seinem Neid richtet, müssen wir die Frage verneinen, denn auch wenn der heteronom Wünschende ehrlich glaubt, dass das ehemalige Vorbild ihm willentlich das Sein vorenthalte, so basiert dieser Glaube doch auf seiner irrigen Annahme, das Vorbild sei faktisch selber im Besitz des «Seins». Deshalb tut er mit seinem Neid auf das früher bewunderte und nun verhasste Vorbild diesem Unrecht, wenn auch mangels besseren Wissens. Sein auf gewaltsame Zerstörung des vermeintlich Schuldigen abzielendes Nein im Neid ist darum objektiv nicht zu rechtfertigen.

Doch wenn wir ernst nehmen, dass ausgerechnet dieser Neid, der sich faktisch gegen Unschuldige richtet, gemäss Girard «eine wahrhaft unerhörte Macht» habe innerhalb von menschlichen Gesellschaften, dann manifestiert sich darin eine genauso unerhörte Macht des menschlichen Strebens nach dem «Sein», das offensichtlich mehr Gewicht hat als konkret-ontische Wünsche nach individueller Selbstverwirklichung und damit individuellem Glück. Der ontologische Wunsch nach dem «Sein» als Inbegriff der Erreichung einer «Ganzheit», die es auf

Erden gar nicht geben kann, hat für Girard vermutlich quasireligiöse Züge. Und der Neid, der aus der Frustration dieses Seinswunsches entspringt, kann darum nur gewalttätig sein. Auf dem Hintergrund der existenzphilosophischen Anthropologie wird Girards These von der unerhörten Macht dieses Neides insofern plausibel, als er durch keine ontische Wunscherfüllung zu besänftigen ist. Das *Nein* in diesem Neid hat also einen *ontologischen Sinn*, richtet sich gegen die ontologische Zumutung, als *Mensch* in nichtige Seinsbedingungen geworfen zu sein, die alles Streben nach Ganzheit scheitern lassen.

Versteht man das Nein im Neid im Sinne Girards ontologisch als Ablehnung des unabänderlichen Schicksals, nur ein endlicher Mensch zu sein, dann wird von daher auch verständlich, warum zwei den Menschen prägende Eigenheiten so eng miteinander verbunden sind: die Neigung, in Illusionen zu fliehen, und die Neigung, sich von der Gewalt faszinieren zu lassen; ebenso wird daraus verständlich, warum beide Neigungen sich gegenseitig bedingen und zugleich gegenseitig steigern.

Auch Girards Auffassung der mit dem Neid verbundenen Gewalt verdient Beachtung, gelingt es ihm doch, die Gewalt als zum Menschen gehörig aufzufassen, ohne wie Freud auf einen angeborenen Aggressions*trieb* und damit auf eine biologische Gegebenheit rekurrieren zu müssen. Er bindet die Gewalt an die Struktur des spezifisch menschlichen Wünschens und gewinnt dadurch eine rein anthropologische Theorie der Gewalt, die nicht zu trennen ist von seiner ebenfalls rein anthropologischen Theorie des Neides. Der Neider wird aufgrund einer Täuschung gewaltbereit gegen jene, die angeblich das Sein für sich selber okkupieren und es damit ungerechterweise anderen vorenthalten. Diese Gewalt kann immer nur die Falschen treffen, weil niemand hat und kann, was ihm der Neider unterstellt.

Dass der Mensch Gewalt ausübt, weil er vom ontologischen Wunsch nach Ganzheit besessen ist, entschuldigt für Girard nichts. Girard hält fest, dass der Mensch prinzipiell auch anders könnte, als seinen Neid auf destruktive Weise auszuleben, und darum für die Gewalt an anderen *verantwortlich* ist.

3. Verzweiflung als Nein zur *conditio humana*

Einleitung

Für ein existenziales Verständnis von Verzweiflung ist – wie schon für die Angst – Kierkegaard wegweisend. Weil er in seinen Ausführungen ständig mit dem doppelten Sinn des Wortes Verzweiflung spielt, ist es sinnvoll, mit einer diesbezüglichen Klärung zu beginnen. Wir benutzen auch im Alltag beide Bedeutungen, je nachdem, ob wir davon sprechen, «verzweifelt zu sein» oder aber «verzweifelt einen Schlüssel zu suchen, den wir verlegt haben». An den beiden Sätzen wird klar, dass der Sinn des Wortes «verzweifelt» davon abhängt, ob es als Adjektiv oder als Adverb benutzt wird. Wer von sich sagt: «Ich bin verzweifelt», der *fühlt* sich im Ganzen verzweifelt, befindet sich in einem umfassenden Gefühlszustand namens «Verzweiflung». Als Adverb benutzt ist das Wort «verzweifelt» hingegen ersetzbar durch Worte wie «unbedingt» oder Redensarten wie «um jeden Preis» oder «um alles in der Welt» oder «wie besessen». Kierkegaard benutzt das Adverb «verzweifelt» in Verbindung mit dem Verb «wollen» respektive «nicht wollen», wie in seiner Wendung «verzweifelt nicht man selbst sein wollen».

Nun steht für Kierkegaard fest, dass jemand, der verzweifelt nicht er selbst sein *will*, in Wahrheit zugleich auch verzweifelt *ist*, unabhängig davon, ob er es selber merkt oder nicht. Weil aber nach Kierkegaard die meisten Menschen nicht sich selbst sein wollen, sind in seinen Augen auch die meisten Menschen verzweifelt.

Es lohnt sich, noch ein wenig beim unterschiedlichen Sinn des adjektivischen und des adverbialen Gebrauchs von «verzweifelt» zu verweilen. Zuerst einmal fällt auf, dass das Wort «Zweifel», das ja für die Wortbildung «Verzweiflung» zentral ist, nur für die adjektivische Verwendung seinen Sinn beibehält, insofern für jemanden, der «verzweifelt» *ist*, der Zweifel absolut geworden und damit aus dem früheren Zweifel nun eine subjektive Gewissheit geworden ist. Dazu einige Beispiele: Wer vorher noch daran zweifelte, ob er die kommende Prüfung bestehen wird, der ist im Zustand der Verzweiflung absolut davon überzeugt, dass er die Prüfung niemals schaffen wird; oder: Wer vorher noch daran zweifelte, ob die anderen ihn mögen oder ihn vielleicht eher unsympathisch finden, der ist im Zustand der Verzweiflung davon überzeugt, dass alle in ihm ein «Monster» sehen und ihn darum auch hassen. – Wird das Wort «verzweifelt» hingegen als Adverb verwendet, dann wird damit gesagt, dass kein Zweifel daran besteht. Wer verzweifelt etwas will oder ebenso verzweifelt etwas nicht will, der kann sich gar nicht vorstellen, dass sein Wollen respektive Nichtwollen zweifelhaft sein könnte. – Ebenso auffällig ist, dass das Verhältnis zur *Hoffnung* in beiden Fällen ganz anderer Art ist. Wer sich verzweifelt fühlt, sieht für sich keine Hoffnung mehr. Jene Hoffnung, die er noch hatte, solange er nur zweifelte, ist mit dem Fall in den Gefühlszustand der *Ver*zweiflung vernichtet worden. Darum kündigt sich das Ende der Verzweiflung immer damit an, dass die Schwärze der totalen Hoffnungslosigkeit sich lichtet, sich ein kleiner Hoffnungsstrahl wie ein Silberstreifen am Horizont zurückmeldet. Wer hingegen verzweifelt etwas erreichen will oder etwas gerade verzweifelt vermeiden will, der ist weder hoffnungsvoll noch hoffnungslos, denn er setzt gar nicht auf die Hoffnung, sondern auf seinen eigenen unbedingten Willen. Wer verzweifelt etwas will, der will es ganz durch sich selbst erreichen. – Davon werden wir bei Kierkegaard noch mehr hören.

Wir werden uns mit beiden Arten von Verzweiflung befassen und darum das verzweifelte Wollen respektive Nicht-Wollen im Sinne Kierkegaards auch als *aktive Verzweiflung* bezeichnen, das Sich-im-Ganzen-verzweifelt-*Fühlen* hingegen als *passive Verzweiflung*.[47]

a) «Jeder, der ästhetisch lebt, ist verzweifelt»

Die Schrift *Entweder – Oder* von 1843 hat den noch nicht ganz 30 Jahre alten Kierkegaard schlagartig berühmt gemacht. In ihr bezeichnet er zum ersten Mal jene Lebensform, in der der Sinn des Lebens verfehlt wird, als «Verzweiflung». Der Titel *Entweder – Oder* spielt darauf an, dass jeder Mensch vor der Wahl steht, wie er leben will. So viele individuelle Lebensformen es auch geben mag, sie lassen sich alle entweder dem ästhetischen oder dem ethischen Modus zuteilen.

Wer «ästhetisch» lebt, folgt nach Kierkegaard dem hedonistischen Lebensideal, insofern für ihn der Sinn des Lebens im «Genuss» liegt. Und weil es für den Genuss immer auf den richtigen *Moment* ankommt, lebt der Ästhet grundsätzlich *von Moment zu Moment* (vgl. EO, S. 730; 791). Es zeigt den grossen Philosophen, dass Kierkegaard es nicht bei der Beschreibung des manifesten Sinns der ästhetischen Existenzform, die im Genuss besteht, bewenden lässt, sondern dass er dahinter als dessen Ermöglichungsgrund eine ganz reduzierte Auffassung der *Zeit* aufdeckt. Diese besteht darin, die Zeit als ein blosses Nacheinander von Jetzt-Momenten aufzufassen und damit ihren dreidimensionalen Charakter zu verleugnen. Das ermöglicht ein entsprechend eindimensionales Verhältnis zur Zeit. Statt sich aus seiner Vergangenheit heraus auf die Zukunft hin zu erstrecken, lebt der Ästhet immer «im Moment» und «von Moment zu Moment», folglich rein gegenwärtig, abgeschnitten von Vergangenheit und Zukunft. Diese Isolierung des gegenwärtigen Momentes vom Vorher und vom Nachher passt zu einer hedonistischen Lebenseinstellung, weil nur die «reine» Gegenwart einen vollen, unbeschwerten Genuss erlaubt.

Warum unterstellt Kierkegaard dem Ästheten, verzweifelt zu sein, ohne es selber zu wissen? Die Verzweiflung ist, wie wir schon wissen, durch ihr besonders radikales Nein bestimmt. Wogegen richtet sich das ästhetische Nein? Es richtet sich gegen das Schicksal, als Mensch ein «Selbst» zu sein. Genau davor flieht *der Ästhet* in den blossen Moment, denn im Moment kann sich kein Selbst konstituieren. Um als ein Selbst zu leben, braucht es, wie Kierkegaard sehr schön formuliert, «Gedächtnis für sein Leben» (EO, S. 791). Wer nur im Moment lebt, kann morgen schon wieder ein Anderer sein, was ihm jegliche *Schuldgefühle* erspart, die sich melden würden, wenn er sich noch an gestern erinnern könnte oder wollte. Weil der Ästhet möglichst nur im Jetzt lebt, muss er sich für nichts verantwortlich fühlen.

In der Schrift *Entweder – Oder* wird die ästhetische Existenzform immer in Absetzung von der «ethischen» beschrieben. Letztere bildet die grosse Alternative, die zwar jedem Menschen im Prinzip offensteht, die aber von ihm eine *Wahl* erfordert, zu der jeder auch bereit sein muss. Darum kann Kierkegaard mit Begeisterung schreiben, dass er bewusst das antike «*Erkenne* dich selbst» durch «*Wähle* dich selbst» ersetzt habe (vgl. EO, S. 825). Denn blosse Selbst*erkenntnis* kostet nichts, weshalb sich auch der Ästhet ab und zu moralisch-edlen Gedanken hingeben mag, ohne dass diese aber für ihn eine praktische Verbindlichkeit haben. Die aktive Selbst*wahl* hingegen ist unmittelbar praktisch, weil durch diese Wahl alles, was der Einzelne tut, «vom Bewusstsein einer Selbstverantwortung begleitet ist» (EO, S. 813). Darum weiss, wer ethisch lebt, dass das Leben nicht nur aus «Möglichkeiten» besteht, sondern auch aus «Aufgaben» (EO, S. 817).

In *Entweder – Oder* ist Kierkegaard noch überzeugt, dass die Wahl der *ethischen Lebensform* aus der Verzweiflung befreit, denn sie durchdringt alles und verändert alles: «Jetzt besitzt er also sich selbst und hat sich selbst gesetzt» (EO, S. 783). In der Schrift *Die Krankheit zum Tode* wird Kierkegaard diese Auffassung widerrufen und jeglichen Anspruch auf Selbstbesitz und Selbstsetzung als eine masslose Selbstüberschätzung taxieren, liegt darin doch zugleich der Anspruch, ohne Gott auskommen und sich gottgleich selber den Grund legen zu können. Was also in *Entweder – Oder* noch als das verzweiflungsfreie, weil gute Leben gerühmt wird, wird jetzt, fünf Jahre später, zum Ausdruck der tiefsten und zugleich höchsten Verzweiflung.

Die Aktualität von Kierkegaards Analyse der ästhetischen Existenzform

Die ästhetische Existenzform ist heute weit verbreitet, weil sehr zeitgemäss. Wir werden heute ständig als potenzielle Kunden angesprochen. Für den *Kunden* aber wird alles zum Kaufobjekt und damit zum möglichen Objekt seines Genusses. Kommt hinzu, dass um den Kunden extrem geworben wird, weshalb er sich umworben und also begehrt vorkommen kann. Je mehr sich jeder als Kunde definiert, umso besser für das heute so zentrale Wachstum der Wirtschaft. Das macht auch vor den Kindern nicht mehr Halt. Ein Werbespruch der Nahrungsmittelkette Aldi Suisse, der ihre Einkaufstaschen dekoriert, lautet: «Ich bin ein Aldi-Kind. Ich will schneller zum Genuss.»

Doch auch im Sektor der «Lebenshilfe», die Heilung vom Stress der heutigen Zeit verspricht, figuriert heute die Propagierung einer Lebenshaltung an erster Stelle, die der ästhetischen Existenzform irritierend ähnlich ist. Sie ist bekannt unter dem Begriff der «Achtsamkeit» (*mindfulness*). Hier wird ein Umlernen bezüglich der Einstellung zur Zeit propagiert, das zugleich befreie und entlaste. Achtsam zu sein wird nämlich damit gleichgesetzt, ganz aufs Hier und Jetzt zu fokussieren und jeden Gedanken an früher oder später zugunsten eines vollen Anwesend-Seins in der reinen Gegenwart abzuwehren. Diese im Buddhismus verwurzelte Haltung wird im Westen nicht zufällig begeistert aufgenommen. Sie verspricht dem Westler, dank der Gewinnung dieser Achtsamkeitshaltung endlich in der *wirklichen Welt* anzukommen, statt sein Leben in den irrealen Welten von Vergangenheit und Zukunft zu verbringen und damit auch zu verpassen. Die Logik dieser Argumentation basiert auf der mehr als fragwürdigen Gleichsetzung von lebendiger Wirklichkeit mit der unmittelbaren Wirklichkeit des Jetzt.[48] Dennoch ist nicht zu bezweifeln, dass diese Haltung befreiend und entlastend wirkt: Sie entlastet davon, ein «Selbst» sein zu müssen, das «Gedächtnis hat für sein Leben» und das sich darum auch verantwortlich weiss dafür, wie es sein Leben führt.

b) Aktive Verzweiflung als verzweifelter Wille zur Selbstbegründung

Wenn Kierkegaard fünf Jahre nach Erscheinen von *Entweder – Oder* zu Anfang der Schrift *Die Krankheit zum Tode* erklärt, Verzweiflung könne «ein Dreifaches sein», nämlich «verzweifelt nicht sich bewusst sein, ein Selbst zu haben (uneigentliche Verzweiflung)»; «verzweifelt nicht man selbst sein wollen» und «verzweifelt man selbst sein wollen», dann kehrt hier die «ästhetische Existenzform» unter der Bezeichnung der «uneigentlichen Verzweiflung» wieder, die «ethische Existenzform» hingegen als eine der beiden «eigentlichen» Existenzformen, und zwar als die dritte und höchste, welche die vorerst rätselhafte Überschrift «verzweifelt man selbst sein wollen» trägt.

Wir interessieren uns jetzt für die beiden «eigentlichen» Formen der Verzweiflung, die im Unterschied zur ästhetischen Existenzform Formen von *Selbst*verzweiflung sind. Warum sich diese beiden Formen der Verzweiflung nicht gegenseitig ausschliessen, wird erst klar, wenn man hinzunimmt, dass Kierkegaard das eine Mal vom «irdischen», das andere Mal hingegen vom «unendlichen» oder «ewigen» Selbst spricht.

Das verzweifelte Nein gegen das «irdische» Selbst

«Verzweifelt nicht man selbst sein wollen» meint, nicht derjenige sein zu wollen, der man hier in dieser irdischen Welt ist. Man will sich – das heisst sein irdisches Selbst – verzweifelt loswerden, um ein Anderer zu werden, der man gar nicht ist (vgl. KT, S. 22). Kierkegaard bringt dafür das Beispiel von Cesare Borgias Ausspruch «Aut Caesar aut nihil» (vgl. KT, S. 20). Er wählt damit ganz bewusst das Extrem einer absoluten Forderung im Sinne von: Ich will auf dieser Welt nur entweder der Mächtigste oder aber gar nicht sein. Doch auch wer nicht verzweifelt nach den Sternen greifen will, lehnt gewisse körperliche und/oder seelische Eigenschaften oder aber schwierige Lebensumstände ab, möchte sie darum loswerden. Kierkegaard zeigt, dass auch jede Verzweiflung über ein Widerfahrnis in Wahrheit *Selbstverzweiflung* ist. Als Beispiel bringt er die junge Frau, die darüber verzweifelt ist, dass ihr Geliebter sie verlassen hat. Auch wenn sie meint, über diesen Verlust verzweifelt zu sein, ist sie in Wahrheit darüber verzweifelt, selber als jene Person weiterleben zu müssen, die sie «verzweifelt» nicht (mehr) sein will, nämlich eine alleinstehende Frau (vgl. KT, S. 21). Zu dieser Verzweiflung kommt die Verzweiflung hinzu, daran selber nichts ändern zu können, weil sie selber nur ein schwaches «irdisches» Selbst ist.

Im verzweifelten Nein gegen das irdische Selbst steckt das Aufbegehren dagegen, mit dem eigenen Selbst, zu dem man sich entwickelt hat, und/oder mit den sozialen Umständen, in die man hineingeboren wurde, Vorlieb nehmen zu sollen, während andere in beiden Hinsichten oft so viel besser weggekommen sind. Anders als beim Neid geht es aber in der Verzweiflung nicht um ein Nein gegen das eigene Zu-kurz-gekommen-Sein im Vergleich zu anderen, sondern um ein Nein dagegen, zufällig so und nicht anders zu sein, statt *selber bestimmen* zu können, wer man als dieses irdische Selbst ist. Kierkegaard nennt es treffend den verzweifelten Willen zur «Selbsterfindung»: wer verzweifelt ein Anderer sein will, will sich verzweifelt selber neu «erfinden», will sein irdisches Selbst «nach seinem Wunsch» gestalten können.[49]

Auch hier ist Kierkegaard wieder erstaunlich aktuell, sind doch Slogans wie «Erfinde dich neu» bzw. «Erfinde dich selbst» beliebte Titel für heutige Psychotrainings-Seminare. Allerdings ist es für Kierkegaard noch klar, dass ein solches Wollen nur «verzweifelt» sein kann, weil es etwas Unmögliches realisieren will, während die heutigen Slogans suggerieren, dass genau das für jedermann im Bereich des Möglichen liege.[50] Im heute ebenfalls dominanten Kampf, nicht nur jünger zu *erscheinen*, sondern wirklich jünger zu bleiben, als man an Jahren ist, steckt sowohl das ontologische Nein dagegen, als leibliches Wesen dem Gesetz der Zeit unterworfen zu sein, als auch das dem Selbstekel immanente Nein dagegen, aus «verwesungsbereiter Materie» zu bestehen.

Vom Zustand, «verweifelt *nicht* man selbst sein [zu] wollen» lässt sich nicht nur die Brücke zum Ekel schlagen, sondern auch zum *Neid*. Wer verzweifelt ein anderes Selbst sein will, als er ist, der will das immer auch aufgrund des *Vergleichs mit anderen*. Und es gibt immer andere, denen es besser zu gehen scheint und die vom Zufall begünstigter sind als man selbst.

Das verzweifelte Nein gegen das «ewige» Selbst

Wir haben Kierkegaards berühmte Definition des Selbst am Anfang von KT bereits im Kapitel über die Angst eingeführt. Jetzt muss sie ergänzt werden durch eine Bestimmung, die Kierkegaard auf der folgenden Seite (KT, S. 14) anfügt: dass das menschliche Selbstverhältnis nicht durch sich selbst, sondern «*durch ein Anderes gesetzt*» sei. Damit wird das menschliche Selbstverhältnis als ein «abgeleitetes» bestimmt, woraus folgt, dass es sich um ein Selbstverhältnis handelt, das sich immer auch schon zu jenem «Anderen» verhält, von dem es abhängt (vgl. KT, S. 14). Mit dieser erweiterten Bestimmung des Selbstverhältnisses vollzieht Kierkegaard jene Wende *weg* vom existenzial-*anthropologischen hin* zum normativ-*christlichen* Standpunkt, denn «das Andere», durch das wir Menschen «gesetzt» sind, ist der personale Gott der jüdisch-christlichen Religion. Darum gibt es nicht nur ein irdisches Selbst, sondern auch ein «ewiges», das sich zu dem verhält, der uns gesetzt hat: Gott.

Aus dieser Ergänzung wird klar, was Kierkegaard meint, wenn er die letzte eigentliche Verzweiflung als «verzweifelt man selbst sein wollen» bezeichnet. Er meint damit das verzweifelte Nein gegen die Tatsache, von Gott gesetzt zu sein und also in Gott zu gründen, meint ein verzweifeltes Ja zur Selbstbegründung durch ein Sich-Losreissen von Gott (vgl. KT, S. 22), um ganz und nur *sein eigener Herr* zu werden. Nun ist der Anspruch des Menschen, sich selber den Grund legen zu wollen und auch zu können, nicht nur aus der Sicht des Christen Kierkegaard ein «verzweifeltes» und also notwendig scheiterndes

Unterfangen, sondern genauso aus der Sicht der beiden Existenzphilosophen Heidegger und Sartre. Was aber in Kierkegaards christlicher Sicht eine verzweifelte Negation der für ihn unbestreitbaren Wahrheit bedeutet, in Gott zu gründen, ist in der areligiösen Sicht von Heidegger und Sartre die verzweifelte Negation dessen, als Mensch *grundlos-abgründig zu existieren*.

Hier distanzieren wir uns von Kierkegaard, für die der verzweifelte Wille, sich selbst zu begründen, nur den Sinn haben kann, sich gegen Gott aufzulehnen, um selber gottgleich zu werden. Während es für den Christen nur die Alternative gibt zwischen echter menschlicher Demut und hybrider Selbstüberschätzung, sieht die areligiöse Alternative anders aus, weil hier die Stelle, die bei Kierkegaard Gott einnimmt, notwendig leer bleibt. Damit kommen wir erneut auf Heideggers Begriff der «Geworfenheit» zurück. Die Alternative zum Glauben, von Gott gesetzt zu sein, ist nicht die hybride Selbstsetzung, sondern die Tatsache, als Mensch ins Leben «geworfen zu sein» (vgl. SZ, S. 135). Das ist das Letzte, was sich ohne Rekurs auf transzendente Glaubenssätze vom Menschen sagen lässt: *dass* er in sein Dasein geworfen ist und darum grundlos zu existieren hat, weil es niemanden gibt, der ihm den Grund legen könnte, weder ein anderer Mensch noch er selbst. Die Mutter kann zwar ein Kind zur Welt bringen, aber sie kann seinem Dasein nicht den Grund legen.

Es führt also keine Brücke vom religiös-christlichen zum nachreligiös-existenzphilosophischen Menschenbild. Darum sind wir zwar mit Kierkegaard darin einig, dass der verzweifelte Wille, sich selbst den Grund zu legen, scheitern muss, sehen in diesem Willen aber lediglich den verzweifelten Versuch, durch Selbstbegründung die Angst vor der eigenen Abgründigkeit zu überwinden.

c) Aktive Verzweiflung als Leitbegriff einer hermeneutischen Psychopathologie

Wir haben Kierkegaards *aktiver Verzweiflung* viel Platz eingeräumt, weil sie nicht nur eine wichtige Dimension der Verzweiflung erschliesst, sondern sich auch als hermeneutischer Leitbegriff für einen existenzphilosophisch angeleiteten Zugang zum seelischen Leiden eignet. Was ich damit meine, kann ich am besten durch Bezugnahme auf Freuds psychoanalytisches Verständnis seelischen Leidens verdeutlichen.

Wie bereits erwähnt, verdanken wir Sigmund Freud die Entdeckung, dass psychopathologische Symptome trotz ihrer manifesten Unsinnigkeit einen verborgenen *Sinn* in sich tragen. Für Freud ist klar, dass dieser Sinn in die frühe Kindheit zurückverweist, weshalb er seelisches Leiden als ein «Leiden an Reminiszenzen» deutet. Das besagt aber nicht, dass der Sinn nur als ein *historischer Sinn* aufzufassen wäre. Freud erklärt ausdrücklich, dass der «Sinn eines Symptoms» nicht nur ein «Woher», sondern auch ein «Wohin oder Wozu» habe und darum auch als «die Absichten» aufzufassen sei, «denen es [d. h. das Symptom] dient».[51] Das lässt aufhorchen, denn wenn die Symptome eine Absicht verfolgen, dann ist diese Absicht, mag sie auch infantiler Herkunft sein, noch lebendig und sucht sich auch jetzt noch in und durch das Symptom zu realisieren. Dieses Bemühen, die aus der Kindheit stammende Absicht mittels des Symptoms zu verwirklichen, bezeichnet Freud als ein «Agieren». «Agieren» ist ein Lehnwort aus dem Lateinischen, das umgangssprachlich synonym mit Handeln verwendet wird. Bei Freud wird das «Agieren» zum Gegenbegriff gegen das Erinnern. Der Patient kann sich nicht mehr daran erinnern, was damals war und dem heutigen Symptom zugrunde liegt, weil er die damalige Szene bereits damals verdrängte. Es ist aber die Krux des Verdrängten, dass es zwar nicht mehr erinnerbar ist, aber dennoch unbewusst lebendig und aktiv bleibt. Seine Form des Aktiv-Werdens ist das «Agieren». Darum heisst es bei Freud, der Patient *agiere, statt zu erinnern.* Das kürzeste Beispiel, das Freud dafür gibt, lautet so: «Der Analysierte erzählt nicht, er erinnere sich, dass er trotzig und ungläubig gegen die Autorität der Eltern gewesen sei, sondern er benimmt sich in solcher Weise gegen den Arzt.»[52]

Das ist also für Freud die Art und Weise, wie der Patient an seinen «Reminiszenzen» *leidet:* Er setzt in der Gegenwart agierend in Szene, woran er sich nicht mehr erinnern kann. Würde er das nur in der Therapie gegenüber seinem Analytiker tun, könnte man darin ja einen therapeutischen Sinn sehen. Freud aber hat immer betont, dass das Agieren sich nicht auf die therapeutische Situation beschränkt, sondern überhaupt den Alltag der Neurotiker prägt und dadurch deren Leben massiv beeinträchtigt. Es fällt nicht schwer, sich die Folgen auszumalen, die es hat, wenn dieser Mann seinen damaligen Trotz auf die Eltern zum Beispiel unbewusst auch an der Arbeitsstelle gegenüber seinem Chef «agiert».

Meines Erachtens trägt das «Agieren» Freuds alle Züge von Kierkegaards «verzweifeltem Wollen» an sich. Dieses Wollen ist auch bei Kierkegaard «unbewusst», weiss doch der Verzweifelte nicht, dass er verzweifelt ist. Umgekehrt ist das Agieren des Patienten ein unbewusstes Wollen, das die Absicht verfolgt, das damalige Resultat seiner trotzigen Auflehnung gegen die Eltern nachträglich zu revidieren. Dass der Patient die Erinnerung daran verdrängt hat, zeigt schon, dass er sich damals aufgrund seiner kindlichen Schwäche und Abhängigkeit dem Willen des mächtigen Vaters unterwerfen musste. Als verdrängte Erinnerung lässt sie sich aber später wiederbeleben, sodass der nun erwachsene Mann der Illusion aufsitzen kann, er könne die damalige Situation (mit dem Analytiker oder auch mit dem Chef am Arbeitsplatz etc.) wiederholen und den damaligen Kampf unter jetzt besseren Bedingungen noch einmal austragen. Das also ist nach Freud der (wenn auch illusionäre) «Sinn» des Agierens: selber gross und stark geworden nochmals gegen den Vater antreten zu können, um die damals so schmachvoll endende Episode jetzt mit einem Triumph enden zu lassen. Das ist, wie wir wissen, ein Ding der Unmöglichkeit. Wir kennen zwar alle solche vergangenheitsbezogenen Wünsche, aber wir formulieren sie bewusst im Konjunktiv, um anzuzeigen, dass sie müssig sind. Wir sagen beispielsweise: «Hätte ich damals doch gehandelt, statt passiv zu bleiben»; oder: «Wenn ich mich damals in meinem Handeln nur vom Verstand statt von meinem momentanen Gefühl hätte leiten lassen»; oder: «Wäre ich doch damals mutiger gewesen und hätte Nein gesagt» usw. Mit dem Konjunktiv drücken wir unser Wissen aus, dass der Wunsch unerfüllbar bleiben muss, weil das, was einmal geschehen ist, durch keine späteren Aktivitäten revidiert werden kann.

Das Agieren aber dementiert den Konjunktiv der Rede, und genau darin erweist sich der agierende Neurotiker Freuds als der aktiv Verzweifelte im Sinne Kierkegaards, der sich selber den Grund legen will. Er inszeniert die damalige unglückliche Geschichte immer wieder neu, als ob es ein Stück Gegenwart wäre, weil sich ihm dadurch die unglaubliche Chance zu eröffnen scheint, *nachträglich* nochmals verändernd in das, was damals war, eingreifen zu können. Mit Kierkegaard gesprochen hat Freud den verzweifelten Willen des Neurotikers entdeckt, den eigenen Anfang wieder Gegenwart werden zu lassen, um «agierend» doch noch Herr darüber zu werden und ihn nach seinem Wunsche umzubilden. «Verzweifelt man selbst sein wollen» heisst bei Freud: verzweifelt nicht jenen Anfang übernehmen zu wollen, in den man «geworfen» wurde, sondern sich verzweifelt nachträglich jenen Grund legen zu wollen, der einem erst das zuversichtliche Gefühl vermitteln kann, dem künftigen Leben gewachsen zu sein.

Mit dieser von Kierkegaard angeleiteten Lesart von Freuds Deutung seelischen Leidens als «Leiden an Reminiszenzen» sind wir aber auch schon über Freud hinausgegangen, indem wir das «Leiden an Reminiszenzen» nicht nur als ein ontisches Leiden am eigenen individuellen Anfang aufgefasst haben, sondern auch als ein *ontologisches* Leiden daran, überhaupt als Mensch in einen kontingenten Anfang «geworfen» zu sein, der das eigene Leben in alle Zukunft hinein wesentlich mitbestimmt. Man kann es auch anders sagen: Dank Kierkegaard haben wir Freuds Verständnis seelischen Leidens bereits existenzphilosophisch vertieft zu einem *Leiden am eigenen Sein*.

d) Der Fall aus der aktiven Verzweiflung in die passive Verzweiflung der Depression

Hinter dem *verzweifelten Wollen* lauert der Fall ins *Verzweifelt-Sein*. Wenn wir das Verzweifelt-Sein mit dem emotionalen Zustand des depressiven Menschen gleichsetzen, dann können wir jetzt auch folgern, dass hinter allen *agierenden* Formen des seelischen Leidens (von den Neurosen bis zu den sogenannten somatoformen Störungen und den Psychosen) die *Depression* lauert. Die Depression als die Stimmung eines umfassenden Verzweifelt-Seins nimmt folglich unter allen Formen seelischen Leidens einen Sonderstatus ein.[53] In ihr kommt alles Wollen zum Erliegen.

Was aber muss geschehen, dass das verzweifelte Wollen aufgegeben wird, sodass die hintergründig lauernde Depression einbricht? Der Sache nach muss es wie bei Adam und Eva darum gehen, dass «die Augen aufgehen», nur umfassender als damals. Es muss sich die emotionale Gewissheit einstellen, dass das verzweifelte Eingreifen-Wollen in die Grundbedingungen des eigenen Menschseins gar nichts fruchten kann und darum auch keinen Sinn hat. Damit bricht der bisher unermüdliche Wille, zu ändern, was nicht zu ändern ist, in sich zusammen – was zumeist (wenn auch nicht notwendig) bedeutet, ins Loch der (depressiven) Verzweiflung zu fallen. Dann meldet sich auch die spezifisch depressive Form von Müdigkeit, die sich anders anfühlt als eine normale Müdigkeit nach einem langen Tag. Diese Müdigkeit ist in der Depression immer da, weil gegen sie weder Erholung noch Schlaf hilft. Die existenziale Beschreibung der Müdigkeit von Lévinas lässt sich auch als Beschreibung der depressiven Müdigkeit lesen: «Se fatiguer, c'est se fatiguer d'être»; «müde sein heisst, es müde sein zu sein.»[54] Die Müdigkeit des depressiv Verzweifelten drückt aus, dass er seines Lebens im Ganzen müde geworden ist. Wer in diesem Sinne müde ist, der hat nicht nur keine Kraft mehr zu leben, sondern er mag nicht mehr leben, weil ihm das Gefühl, es habe noch irgendeinen Sinn, das aktive Leben weiterzuführen, abhandengekommen ist.

Das Nein im depressiven Verzweifelt-Sein

Das Verzweifelt-*Sein* wird zwar als ein Widerfahrnis erlebt, in das man ohne eigenes Zutun geraten ist.[55] Dennoch hat dieser emotionale Zustand *Antwortcharakter*. Der Depressive ist enttäuscht in jenem doppelten Sinne, der dem deutschen Wort Ent-täuschung innewohnt: von einer Täuschung frei geworden zu sein und: etwas Anderes, Besseres erwartet zu haben und sich nun mit dem Resultat nicht abfinden zu können und zu wollen. Der Depressive ist desillusioniert, erfährt seine Desillusionierung aber nicht als befreiend, sondern als «zum Verzweifeln». Aus der Illusion, sich dank einem verzweifelten Wollen bessere ontologische Bedingungen schaffen zu können, hat er früher viel Kraft gezogen, die nun verflogen ist. Jetzt ist ihm die Wahrheit, dass sich die *conditio humana* durch kein eigenes Agieren verändern lässt, emotional aufgegangen und er ist nur noch verzweifelt. Dieser Gemütszustand drückt sein Nein gegen die Zumutung aus, das Leben unter durch und durch nichtigen Seinsbedingungen führen zu müssen. Alle Symptome der Depression, nicht nur die Müdigkeit, sondern auch die Appetitlosigkeit, das veränderte Zeiterleben, das Gefühl, wertlos und darum auf dieser Welt überflüssig zu sein, sowie der Selbsthass bringen dieses Nein zum Ausdruck. Dieses Nein ist ebenso radikal wie umfassend, weil es jede mögliche Veränderung mitverneint und darum das Leben im Ganzen und für immer betrifft. Genau darum hat die Depression eine Sonderstellung inne unter allen Formen seelischen Leidens, die zwar auch ein Nein zu einer ontologischen Wahrheit beinhalten, aber doch an eine Lösung glauben. Sie sagen darum «Jein»: Nein unter dieser nichtigen Bedingung, Ja unter der Bedingung, dass mein ontologischer Wunsch nach Veränderung erfüllt wird. Das verzweifelte Nein des Depressiven ist hingegen bedingungslos, weil wunschlos.

Ein berühmter Aufsatz von Freud trägt den Titel «Trauer und Melancholie».[56] Dieser Titel weist auf die Alternative zur depressiven Verzweiflung hin, die darin bestehen würde, sich auf einen Trauerprozess einzulassen. In der Trauer nimmt man trauernd Abschied von etwas Verlorengegangenem und versucht, sich mit der traurigen Wahrheit des Verlustes irgendwie abzufinden – mit dem Ausdruck Freuds: «Trauerarbeit» zu leisten. Die Aufgabe, Trauerarbeit zu leisten, stellt sich uns allen während des Lebens, sowohl in Bezug auf reale Verluste wie auch auf Phantasien und Pläne, die sich unversehens als illusionär erweisen. Diese Aufgabe stellt sich aber auch all jenen Menschen, die als aktiv/agierend Verzweifelte oder als passiv Verzweifelte in einer analytischen Therapie sind, die ihre

Symptome nicht durch Tipps und anzuwendende Selbsttechniken wegtherapieren, sondern ihren verborgenen Sinn aufdecken und gemeinsam verstehen will. Denn den verborgenen Sinn zu verstehen bedeutet immer zugleich zu erfahren, dass der darin agierte ontologische Wunsch unerfüllbar ist.

Fazit

Die Ausführungen zur aktiven und passiven Verzweiflung zeigen, dass zur «Endlichkeit» des Menschen nicht nur gehört, in sein Dasein «geworfen» zu sein, sondern auch, sich von dieser nackten Tatsache immer dann *überfordert* zu fühlen, wenn diese nicht dank der Teilhabe an kollektiven Sinndeutungen des Lebens verdeckt bleibt. Diese Überforderung führt meist in die aktive oder passive Verzweiflung und damit ins seelische Leiden. Sie entspringt aber selber keiner individuellen Schwäche, sondern einer (philosophischen) Hellhörigkeit für die Grundbedingungen des eigenen Menschseins, die sich nur schlecht mit der Aufgabe verträgt, das konkrete Leben mit seinen Anforderungen zu meistern. Wir haben darum bereits in Teil I dargelegt, wie wichtig für ein einigermassen gelingendes Leben *kollektive Schutzvorkehrungen* gegen die Einbrüche von Angst, Schuld und Scham in den Alltag sind. Teil III wird sich den beiden wichtigsten *emotionalen Schutzvorkehrungen* widmen, nämlich der «Liebe» und dem «Vertrauen».

Teil III: Liebe – Vertrauen – Sympathie
Wie viel Wahrheit erträgt
der Mensch?

Einleitung

Manche Leser mögen mit Erleichterung zur Kenntnis nehmen, dass Teil III positiven Gefühlen gewidmet ist – Liebe, Vertrauen und Sympathie –, und insgeheim sogar hoffen, dass dadurch ein emotionales Gleichgewicht zwischen negativen und positiven Grundgefühlen hergestellt würde. Damit wäre dann auch das bisher einseitig als «nichtig» gezeichnete Bild der *conditio humana* korrigiert und zugleich saniert. Wer allerdings den bisherigen Ausführungen gefolgt ist, weiss, dass das in absurde Widersprüche führen würde. Ziel kann deshalb nur sein, zum Schluss diese drei positiven Gefühle ebenfalls als *Antworten* auf Angst, Schuld und Scham zu verstehen und zu würdigen. Als Gefühle mit ontologischem Antwortcharakter stehen sie nicht gleichrangig neben Angst, Schuld und Scham, wohl aber neben Ekel, Neid und Verzweiflung. Uns interessiert dabei, *wie* sie auf Angst, Schuld und Scham antworten, denn ihre Antwort muss sich von jener von Ekel, Neid und Verzweiflung grundlegend unterscheiden.

Zugleich wird sich zeigen, dass die Sympathie unter den drei positiven Gefühlen eine Sonderrolle einnimmt, weshalb wir ihre Antwort nicht unter einen Hut bringen können mit den Antworten von Liebe und Vertrauen. Rüdiger Safranski hat einen längeren Essay mit der Frage überschrieben: «Wieviel Wahrheit braucht der Mensch?».⁵⁷ Im Hintergrund unserer bisherigen Ausführungen stand hingegen eher die Frage, wie viel Wahrheit (bezüglich des eigenen Menschseins) der Mensch *erträgt*. Liebe und Vertrauen erfüllen mit ihrer Antwort die Funktion, dem Menschen die Wahrheit über sein Menschsein erträglich erscheinen zu lassen. Ihre Antwort dient also dem Schutz vor der immer drohenden Überforderung des Menschen durch sein unheimliches Surplus an emotionalem Wissen über das eigene Sein in seiner nackten Faktizität. Doch wie ist ein solcher Schutz möglich? Die Antwort fällt nicht schwer: Man kann sich nur vor einer Wahrheit schützen, indem man sich darüber hinwegtäuscht. Wenn Liebe und Vertrauen also die Funktion erfüllen, vor einem Zuviel an ontologischer Wahrheit zu schützen, dann nur dadurch, dass ihnen selber ein starkes Moment der Täuschung innewohnt.

Nun ist uns der Gedanke, dass der Mensch darauf angewiesen ist, sich vor einem Übermass an Wahrheit zu schützen, bereits vertraut, haben wir doch in Teil I von der Leistung jeder Kultur gesprochen, dem Menschen entlastende Sinndeutungen mythischer, religiöser (und heute auch modern-wissenschaftlicher Art) anzubieten. Philosophisch haben wir uns dabei an Heidegger orientiert, der in *Sein und Zeit* die Flucht vor der Angst als Flucht ins «Man» als dem je öffentlich herrschenden Verstehen bestimmt. Davon setzen wir uns jetzt ab, indem wir auch den Schutz vor der emotionalen Wahrheit als eine Leistung auffassen, *die primär von Emotionen wie der Liebe und dem Vertrauen erbracht wird*. Wie halten wir es dann aber mit dem Verstehen?

Das Kapitel über das «Vertrauen» ist in drei Unterkapitel aufgeteilt, die vom personalen Vertrauen, vom hermeneutischen Vertrauen ins Verstehen und vom Sinnvertrauen handeln. Darin zeigt sich unsere Überzeugung, dass auch das Verstehen immer von einem *Vertrauen ins Verstehen* getragen sein muss. Dass Heidegger dann, wenn es um die Flucht vor der überfordernden Angst geht, das Verstehen gegenüber den Emotionen priorisiert, ist schlecht vereinbar mit seiner Erkenntnis, dass das Erschliessungsvermögen der Emotionen weiter reicht als jene des Verstehens (vgl. SZ, S. 133; 138), und erscheint mir darum kurzschlüssig.

Wenn ich abschliessend auf die *Sympathie* zu sprechen komme und ihr eine Sonderstellung einräume, dann bringe ich damit eine Emotion ins Spiel, die sich vom allgemein bekannten Sympathiegefühl unterscheidet wie die Angst von der Furcht. Ich werde sie hier als jenes Gefühl vorstellen, das sich bei mir einstellt, wenn ich meinen «hellhörigen» Patienten mit einem «philosophischen Ohr» zuhöre. Es kann sich generell einstellen als ein Gefühl der Verbundenheit mit «hellhörigen» Menschen, die aufgrund ihrer Hellhörigkeit am eigenen Sein leiden. Für dieses Verständnis von Sympathie habe ich wichtige Anhaltspunkte bei Kierkegaard und Heidegger gefunden, bezogen auf Patienten auch bei Binswanger.

1. Liebe zwischen postreligiösem Heilsversprechen und Betrug

a) Wesensanalyse kontra Funktionsanalyse der Liebe

Das Soziologen-Paar Ulrich Beck und Elisabeth Beck-Gernsheim hat in seinem 1990 erschienenen Buch *Das ganz normale Chaos der Liebe* von der Liebe als «Nachreligion» gesprochen.[58] Das kann man als hermeneutischen Hinweis darauf lesen, dass man dem Sinn der modernen Liebe am besten auf die Spur kommt, wenn man sie als einen notwendig unzulänglichen Ersatz für die verlorene Liebe Gottes deutet. Die moderne Liebe hat dann nicht nur, aber auch die Funktion einer Lückenbüsserin. Sie soll jene Leere füllen, welche durch das Schwinden einer ehemals fraglosen, religiösen Gläubigkeit entstanden ist.

Wir folgen diesem Hinweis, indem wir am Anfang die drei wichtigsten Momente der Gottesliebe erwähnen: dass auf die Liebe Gottes absoluter Verlass ist; dass die göttliche Liebe auf nichts anderem basiert als darauf, dass Gott die Liebe *ist*,[59] weshalb Gott den Menschen seine Liebe aus Liebe schenkt, statt sie von zu erfüllenden Bedingungen abhängig zu machen; dass der Gläubige sich in der Liebe Gottes umfassend aufgehoben und geborgen fühlen kann. Das bedeutet, dass die Liebe Gottes stärker ist als die Angst, die den schwachen Menschen immer wieder überfällt. In der Liebe Gottes findet der verzagt-verängstigte Mensch also Schutz, wenn er nur offen ist für sie.

Nun behauptet zwar niemand im Ernst, dass die menschliche Liebe mit den Versprechungen, welche mit der göttlichen Liebe verbunden sind, konkurrieren könne. Doch die *Sehnsucht*, auch der Liebe eines anderen Menschen *absolut vertrauen* zu können und sich auch in ihr ganz aufgehoben und geborgen fühlen zu können, überfliegt naturgemäss alle rationalen Bedenken. Das lässt sich aus der für die Moderne spezifischen Situation verstehen, in der wir uns heute befinden, welche die Sehnsucht nach einem vollwertigen Ersatz für das Verlorene verstärkt: Statt wie früher noch in Grossfamilie, religiöser Gemeinschaft, sozialem Stand und sozialem Geschlecht eingebunden zu sein, ist jetzt primär jeder ein *Einzelner*, dem es als autonomem Individuum aufgetragen ist, sein Leben selber zu führen und sich auch selber sozial zu verankern. Dazu gehört in unserer Kultur auch, als Liebes- und dann Ehepaar das Leben gemeinsam zu verbringen. Das Finden des Partners, früher Aufgabe der Familie, ist heute bei uns Sache des Einzelnen und damit seiner *eigenen Wahl* anheimgestellt. An diese Beziehung richten sich denn auch meist die überhöhten Erwartungen, die immer noch an der Liebe Gottes orientiert sind und von Gott auch nicht enttäuscht werden können.

Die Angst vor der Einsamkeit ist heute ein Massenphänomen geworden, und die Sehnsucht nach einer «romantischen», das heisst von zwei modernen Individuen frei gewählten Liebe, die die Zeit überdauert und zugleich Halt und Sicherheit gibt, entspringt dieser Angst. Die Sehnsucht nach Liebe enthält in sich also auch den ontologischen Wunsch, von der beängstigenden Wahrheit der Vereinzelung erlöst zu werden.

Dieses Kapitel widmet sich zwei philosophischen Analysen der Liebe, die sich widersprechen, obwohl sie sich philosophisch nahestehen. Sie werden hier exemplarisch vertreten durch zwei Autoren, die fast gleichzeitig darüber geschrieben haben: der Psychiater und Daseinsanalytiker *Ludwig Binswanger* in seinem philosophischen Grundlagenwerk *Grundformen und Erkenntnis menschlichen Daseins* (1942) und *Jean-Paul Sartre* in seinem von uns bereits häufig herangezogenen frühen Hauptwerk *Das Sein und das Nichts* (1943). Beide Autoren setzen die Liebe *ins Verhältnis zur Angst*, und zwar zur philosophischen Angst, die Kierkegaard 1844 zum ersten Mal beschrieben und Heidegger 1927 zur Grundbefindlichkeit erklärt hat, die dem Menschen die Wahrheit über sein Menschsein erschliesse. Dass beide trotzdem zu einer so unterschiedlichen Sicht auf die Liebe kommen, kann nur daran liegen, dass ihre Denkansätze grundverschieden sind. Binswanger denkt *wesensphänomenologisch*, Sartre hingegen *existenzial-hermeneutisch*.

Während es für Binswanger selbstverständlich ist, dass die Leitfrage nur lauten kann: «*Was ist die Liebe?*», kann sie für Sartre nur lauten: «*Was will die Liebe?*». Das bedeutet, dass Binswanger als Vertreter der Wesensphänomenologie sich ganz ins Phänomen der Liebe vertieft, weil das «Wesen» eines Phänomens *per definitionem* im Phänomen selber liegt, während

Sartre als Vertreter einer existenzialen Hermeneutik immer nach dem Sinn und Zweck fragt, den die Liebe innerhalb einer bestimmten Situation erfüllt respektive erfüllen soll. Der Leser wird also bei Binswanger in eine ganz andere Welt der «Liebe» eingeführt als bei Sartre. Binswanger kann darum dem modernen Menschen das Versprechen geben, dass seine ontologische Sehnsucht, in und durch die Liebe von seiner Vereinzelung erlöst zu werden, tatsächlich im liebenden Miteinandersein von Ich und Du erfüllbar ist, während Sartre diesem Versprechen nur eine Schutzfunktion gegen die Angst zusprechen kann, die sich letztlich als Trug erweist.

b) Der Vorrang der Liebe vor der Angst: Binswanger gegen Heidegger

Binswangers Verhältnis zu Heideggers Werk *Sein und Zeit* ist stark ambivalent. Einerseits ist er der Erste, der die dort vorgelegte «Daseinsanalytik» zur geeigneten philosophischen Grundlage für die Erforschung psychisch kranker Menschen erklärt und damit die daseinsanalytische Forschungsrichtung in der Psychiatrie begründet. Andererseits kann er das von Heidegger vorgelegte negative Menschenbild nicht akzeptieren. Er gesteht zwar zu, dass es für viele Menschen zutrifft, betont aber zugleich, dass dieses Menschenbild das «Wesen» des Menschen verfehle, weil es um das Wesentliche, nämlich die Liebe, verkürzt sei. Er bezweifelt nicht, dass viele Menschen an der Angst leiden, bestreitet aber vehement jene ontologische Vorrangstellung, die ihr von Heidegger zugesprochen wird. Diese Vorrangstellung gebührt nach Binswanger der Liebe. Sie ist jene höchste Existenzform, in welcher ein Mensch sein Menschsein wahrhaft verwirklicht.

Damit ersetzt Binswanger Heideggers negative Anthropologie durch eine positive, wird der Mensch doch in der Liebe *ganz*. Das hat Folgen für Binswangers methodischen Zugang zum psychologischen/psychiatrischen Verständnis des einzelnen Individuums. Das Individuum lässt sich nun exakt phänomenologisch beschreiben, indem man seine konkrete Liebesfähigkeit mit der wahren, wesenhaften Liebe vergleicht. Damit erhält die Beschreibung einen stark normativen Zug. Denn wenn die Liebe jene höchste Existenzform ist, in der ein Mensch wahrhaft zum Menschen wird, dann gibt sie die Norm vor, an der sich nicht nur die individuelle Liebesfähigkeit eines Menschen, sondern zugleich auch das Glücken oder Missglücken seines Lebensvollzugs messen lässt.

Es ist nur konsequent, dass Binswanger den Vorwurf, ein negatives, weil verkürztes Menschenbild zu verabsolutieren, nicht nur an Heidegger richtet, sondern ebenso an Freud, weil sein psychoanalytisches Menschenbild «von der Neurose hergenommen» sei. Es geht für Binswanger nur umgekehrt: Zuerst muss man eine angemessene Vorstellung vom wahren Wesen des Menschen gewonnen haben, um anhand dieser Norm herausfinden zu können, wie stark individuelle Menschen negativ von dieser Norm abweichen und also neurotisch oder gar psychotisch erkrankt sind.

Binswanger misst nun am Wesen der wahren Liebe auch Heideggers negatives Menschenbild in *Sein und Zeit*. Für ihn ist es kein Zufall, dass in *Sein und Zeit* die Liebe kein einziges Mal erwähnt wird, und er prägt die schöne Metapher, wonach die Liebe «frierend ausserhalb der Tore dieses Seinsentwurfs» stehe (vgl. Grundformen, S. 43). Die Tore zu öffnen, kann aber niemals heissen, der Liebe *innerhalb* von Heideggers Seinsentwurf noch ein Plätzchen einzuräumen, sondern kann nur darin bestehen, einen neuen, unverkürzten Seinsentwurf auszuarbeiten, in welchem dann auch Heideggers Seinsentwurf einen begrenzten Platz *unterhalb* der Liebe zugewiesen bekommt. Binswanger formuliert es so: «Es muss also immer im Auge behalten werden, dass der Liebe der ontologisch-anthropologische Vorrang gebührt, insofern Liebe niemals aus Angst zu verstehen oder gar abzuleiten ist. Hingegen ist Angst zu verstehen aus dem Zurückgeworfensein des Daseins aus der liebenden Seinssicherheit und Seinsverbundenheit in die Not und den Heroismus der Existenz ...» (ebd. S. 581).

Obwohl Binswanger in seiner Vorrede zur dritten und vierten Auflage der *Grundformen* 1962 betont, er habe nicht beabsichtigt, mit seinem theoretischen Hauptwerk der *Grundformen*[60] «eine Gegenschrift zu ‹Sein und Zeit› zu schreiben», ist doch die dort entworfene Anthropologie ganz von Heideggers existenzialer Anthropologie her gedacht, die nun Stück für Stück von ihrer «Nichtigkeit» befreit wird und dadurch eine vollkommene Gestalt gewinnen soll. Das zeigt das folgende Schema, das ich aus Binswangers *Grundformen* extrahiert habe:

Heidegger in *Sein und Zeit*:	Binswanger in den *Grundformen*:
Das Sein des Daseins ist «*Sorge*».	Das Wesen des Daseins erfüllt sich in der «*Liebe*».
Das Dasein ist und bleibt «*je meines*».	Das Dasein ist in der Liebe «*je unseres*»; in der Liebe bilden Ich und Du ein «*Wir*».
Das Mit-Sein ist ein «Mit-dasein der Anderen».	Die Liebe ist ein liebendes «*Einandergehören* von Ich und Du».
Das Sein des Daseins ist «*Sein zum Tode*».	Die Liebe kennt den Tod nicht; sie ist «*unendlich*».
Das Sein des Daseins ist «durch und durch nichtig».	Liebendes Dasein ist «Daseinsfülle».
Das Sein des Daseins ist «zeitlich».	Das Sein des liebenden Daseins ist «ewig».
Da zu sein heisst «unzuhause» zu sein.	Liebendes Dasein ist «Zuhause-sein»; ist «Heimat».
Das Dasein ist «In-der-Welt-sein».	Das Dasein ist «In-der-Welt-über-die-Welt-hinaus-sein».

Wir sehen anhand dieses Schemas, dass in allen Wesensmerkmalen der Liebe die nichtigen Charaktere der «Sorge» und damit die Angst überwunden sind. Damit ist die Angst zurückgestuft zu jenem Gefühl, das nur dann auftreten kann, wenn jemand der wahren Liebe nicht fähig ist. Das bedeutet, dass von Angst erfüllt zu sein immer schon eine Pathologie anzeigt. Zugleich hilft Binswangers Liebeskonzept dem von Liebeskummer heimgesuchten Menschen, nicht zu verzweifeln, enthält es doch die Zuversicht, dass Liebe gelingen kann und vielleicht schon das nächste Mal gelingen wird.

Sobald man an Heideggers existenzialem Angstverständnis festhält, erhält Binswangers Liebeskonzept eine (natürlich von Binswanger nicht intendierte) ontologische Schutzfunktion, indem sie dem sich latent immer ängstigenden Menschen zusichert, dass die Angst wirklich in der Liebe überwindbar sei. Schützend wirkt sich auch die Herabstufung der Angst zu jenem Gefühl aus, das immer nur bei jenen Menschen auftaucht, die der Liebe nicht fähig sind. Zugleich macht diese Tendenz zur Pathologisierung der Angst auch deutlich, dass Binswanger die Quintessenz der von Kierkegaard entdeckten Angst gar nicht gesehen hat, die darin besteht, dem Menschen sein grundlegendes Freisein sowie sein «Zum-Tode-Sein» in seiner nackten Faktizität zu enthüllen. Auch Binswanger hat also die Angst von vornherein als eine inadäquat starke und darum pathologische «existenzielle Furcht» missverstanden und also eigentlich gegen sein eigenes Missverständnis argumentiert.

c) Die Differenz zwischen Liebe und sexuellem Begehren: Sartre

Während für Binswanger die Liebe ein eigenständiges Phänomen ist, das man dann erfasst, wenn man sein «Wesen» schaut, ist sie für Sartre eine «fundamentale Reaktion auf das Für-Andere-sein» (SN, S. 664). Folgt man Sartre, dann kann man die enorme Bedeutung, welche in der Moderne der Liebe zukommt, nur von der ontologischen Tatsache her verstehen, als Mensch das Leben unter dem freien Blick des Anderen führen zu müssen, was uns zugleich ängstigt und beschämt. Der Liebe kommt die ontologische Funktion zu, den Blick des Anderen «in Fesseln zu legen», sodass Angst und Scham hinfällig werden. Darin erweist sich die Liebe als mächtiger denn die pure Macht, die vom Anderen nur Gehorsam erzwingen kann, während die Liebe zu erreichen vermag, dass der Liebende *freiwillig* auf seine Freiheit verzichtet.

Sartre weiss durchaus, dass es viele konkrete Formen von mitmenschlichen Beziehungen gibt, in denen der Blick eine untergeordnete Rolle spielt. Doch das «*Für*-Andere-sein» ist keine *ontische* Beziehungsform *neben* anderen, sondern jenes ontologische Verhältnis zum Anderen als prinzipiell freiem Subjekt, das allen ontischen Beziehungsmöglichkeiten voraus- und zugrunde liegt. Das bedeutet, dass *alle* ontischen Beziehungsmöglichkeiten immer *auch* auf die ontologische Grunderfahrung des Für-Andere-Seins bezogen sind und auch irgendwie darauf antworten. Die Liebe aber ist für Sartre mehr als nur eine unter diesen vielen Reaktionsmöglichkeiten, sie stellt eine «*fundamentale Reaktion*» darauf dar (SN, S. 664). Damit meint er nicht, die Liebe gehe in dieser ontologischen Funktion auf. Die Liebe hat auch ontisch-konkrete Funktionen zu erfüllen, deren Thematisierung in den Bereich von Psychologie und Soziologie fällt. Er will eine philosophische Analyse der Liebe geben, die zeigen soll, dass die Liebe *auch* einen *ontologischen Sinn* hat, der sich nur erschliesst, wenn man die Liebe zur grundlegenden Angst und Scham vor dem Blick des Anderen in Beziehung setzt und von daher als jene Form von Beziehung deutet, welche vor beiden Grundgefühlen zu schützen verspricht. – Im

Folgenden zeichne ich die Schritte nach, die dieses Versprechen glaubhaft erscheinen lassen.

Lieben heisst «geliebt werden wollen»

Ausgangspunkt von Sartres Darlegung ist seine Gleichsetzung von Lieben und Geliebt-werden-Wollen: Lieben heisst «wollen, dass man mich liebt» (SN, S. 656; 659). Auffällig ist zunächst, dass die Liebe kein «Einander-Lieben» von zwei Menschen ist, sondern sich grundsätzlich aufteilt in den aktiven Part, zu lieben, und den passiven Part, geliebt zu werden. Damit wird die Liebe bei Sartre zu einer Angelegenheit, an der zwar zwei beteiligt sind, aber immer in gegensätzlichen Rollen. Doch sehen wir zu, welche Überlegungen Sartre zu dieser Auffassung bringen. Sartre ist überzeugt, dass ich nur dann auf den freien Blick des Anderen Einfluss nehmen kann, wenn es mir gelingt, ihn dazu zu *verführen*, mich zu lieben. Denn nur aus Liebe wird der Andere freiwillig auf die Freiheit seines Blicks verzichten. Um den Anderen aber dazu zu bringen, mich zu lieben, muss ich ihm zuerst meine Liebe zeigen. Wenn ich damit erfolgreich bin, dann ist der Beginn seiner Liebe auch der Beginn seiner Bereitschaft, seinen Blick *freiwillig zu begrenzen*. Das ist der Grund, warum jeder liebt, *um* vom Anderen geliebt zu werden.

Nun ist Sartre darin zuzustimmen, dass man in der Liebe zwischen «aktiv den Anderen lieben» und «passiv vom Anderen geliebt werden» unterscheiden kann. Nur versteht man noch nicht, warum sich nicht zumindest im Idealfall beides vereinigen lässt: nämlich selber dem Anderen Liebe zu geben und zugleich Liebe von ihm zu empfangen. Sartre hingegen will zeigen, dass es nicht möglich ist, zugleich Liebender und Geliebter zu sein, weil beide Liebesformen eine jeweils ganz andere Einstellung zum Anderen verlangen, die man unmöglich gleichzeitig einnehmen kann. Darin besteht für Sartre die Tragik und das unvermeidliche Scheitern der Liebe.

Über diese These Sartres ist schon viel gestritten worden, wobei man dann meist verkennt, dass es Sartre bei seiner Bestimmung der Liebe als «einer fundamentalen Reaktion auf das Für-Andere-sein» nur um deren ontologische Funktion geht. Und diese besteht im Gewinn der emotionalen Überzeugung, dass wir dann, wenn wir vom Anderen geliebt werden, keine Schamangst mehr vor seinem Blick haben müssen. Diesbezüglich hat nun Sartres Argument viel für sich. Denn jeder Mensch leidet nicht nur daran, sich wegen konkreter Mängel vor anderen schämen zu müssen, sondern auch daran, im freien Blick des Anderen zu stehen, ohne zu wissen, was dieser an ihm sieht. Aus dieser ontologischen Not heraus richtet sich der Wunsch an den Anderen, mich zu lieben, weil dann, wenn er mich liebt, sein Blick mich nicht mehr bedroht.

Nun haben wir schon gehört, dass dieses «Wunder» möglich ist, weil der Liebende bereit ist, um des Geliebten willen seiner Freiheit *freiwillig* «Fesseln anzulegen» (vgl. SN, S. 643). Das bedeutet aber nicht, auf die eigene Freiheit völlig zu verzichten, um dem Geliebten ganz zu Willen zu sein. Gerade weil der Liebende seine Freiheit aus Liebe und also freiwillig einschränkt, bleibt er ein eigenständiges Subjekt. Und genau das ist für Sartre das Grossartige, ja geradezu Wunderbare des Geliebt-Werdens: dass mich der Andere als ein freies Subjekt liebt und mir seine Liebe dadurch zeigt, dass er mir zuliebe seine Freiheit freiwillig einschränkt.

Offensichtlich liegt für Sartre die ursprüngliche Bedrohung durch den Anderen nicht darin, seiner körperlichen Gewalt ausgesetzt zu sein, sondern seinem freien Blick. Vor diesem Hintergrund lässt sich nun leicht erraten, zu welchem Freiheitsverzicht der Liebende von sich aus bereit ist. Er ist bereit, aus Liebe seinen Blick nicht mehr frei schweifen zu lassen, mich als den Geliebten nicht mehr auf andere hin zu überschreiten, sondern seinen Blick freiwillig nur noch auf mir ruhen zu lassen, was in der Redewendung eingefangen ist, dass, wer mich liebt, nur noch «Augen hat für mich». Ist diese Bedingung erfüllt, dann brauche ich mich vor diesem Blick nicht mehr zu ängstigen, dann ist mein Wunsch, mich im Blick des Anderen *sicher* fühlen zu können, erfüllt, denn dann bin ich das «*Unüberschreitbare*», der «absolute Zweck» geworden (vgl. SN, S. 646). Es ist also sein *Verzicht auf den Vergleich mit anderen*, der macht, dass ich mich auch dann, wenn mich der Liebende anblickt, in seinem Blick sicher fühlen kann.

Doch schon dieser Verzicht ist, weil der Liebende frei bleibt, jederzeit widerrufbar. Darum gibt es auch dann, wenn ich mich geliebt weiss, keine absolute Sicherheit. Für Sartre liegt darin der Grund, dass Liebende die Einsamkeit suchen, fehlt doch dann der Anlass dafür, den Blick doch heimlich über den Geliebten hinweg weiterschweifen zu lassen. Aber sogar in der Einsamkeit bleibt die Unsicherheit, woran oder an wen wohl der Liebende, wenn er schweigt, heimlich denkt. Darum die häufige Frage, woran er jetzt gerade denke. Wenn der Gefragte seine Ruhe haben will, wird er klugerweise mit einer Liebesbeteuerung antworten. Aber hier kommt wieder die Hellhörigkeit ins Spiel. Je hellhöriger der Geliebte dafür ist, dass man nie ganz sicher wissen kann, wie ehrlich der Liebhaber ist, umso quälender wird auch jetzt der Zweifel, und umso mehr wächst auch die Versuchung, das eigene Verhalten nach dem Motto «Vertrauen ist gut, Kontrolle ist besser» auszurichten. Das aber ist der Anfang des Endes jeglichen Liebesverhältnisses, denn sobald man beginnt, die Blicke des Liebhabers heimlich zu beobachten und später die Kontrolle weiter auszudehnen, verlässt man die passive Position der Geliebten und wird zum von Eifersucht getriebenen Überwacher des Liebenden, der sich nun in all seinen Schritten kontrolliert fühlt.

Geliebt werden als Legitimierung der eigenen Existenz

Noch ein weiteres «Wunder» darf der Geliebte von der Liebe erwarten: nämlich von der beängstigenden Grundtatsache der «Geworfenheit» in die Welt, die uns zwingt, grundlos zu existieren, erlöst zu werden. – Wir haben bereits ausführlich dargestellt, dass mit dem Schwinden des Gottesglaubens auch der Glaube verloren geht, von Gott gewollt und darum rechtmässig in der Welt zu sein. Dadurch drängt sich heute die ontologische Tatsache, in die Welt «*geworfen*» zu sein und also ohne einen das eigene Dasein rechtfertigenden Grund existieren zu müssen, weit mehr Menschen auf als früher. Die Bedeutung der romantischen Liebe liegt auch im Versprechen, diesbezüglich ebenfalls Abhilfe schaffen zu können. Für Sartre besteht darin die zweite ontologische Funktion der Liebe, die sich darin manifestiert, dass «in der Terminologie der Liebe der Geliebte mit dem Ausdruck ‹Erwählter› bezeichnet» wird (SN, S. 648). Darum verlangt der Geliebte, vom Liebenden *exklusiv* geliebt zu werden, und zwar dauerhaft. Entsprechend nennt Sartre die «Wahl», die der Liebende für seinen Geliebten getroffen haben muss, eine «absolute». Nur wenn diese Bedingung erfüllt ist, vermag seine Liebe «meine Faktizität zu begründen» (SN, S. 649). Mit Faktizität meint Sartre hier ganz im Sinne Heideggers die ontologische Tatsache, in die eigene Existenz «geworfen» zu sein und also ohne Legitimationsgrund zu existieren.

Ich habe bereits im Schuldkapitel darauf hingewiesen, dass für Sartre der Mensch nicht nur in seine je eigene Existenz geworfen ist wie für Heidegger, sondern dass er immer zugleich in eine «Welt der Anderen» geworfen ist, wodurch er diesen einen Platz streitig macht. Weil Sartre die existenziale Schuld auch als *Schuld am Anderen* deutet, kann er wiederum zeigen, dass auch diesbezüglich die Liebe eine wichtige ontologische Funktion zu erfüllen vermag. Wenn nämlich der Andere mich liebt, und zwar durch seine *absolute Wahl meiner Person*, dann erkennt er mir aus freien Stücken das Recht zu, in dieser Welt zu sein und zu bleiben, weil er dann «*meine Faktizität*» durch seine Liebe rechtfertigt: «Während wir, bevor wir geliebt wurden, uns als ‹zu viel› fühlten, fühlen wir jetzt, dass diese Existenz von einer absoluten Freiheit übernommen und gewollt wird … *Das ist der Grund für die Liebesfreude: uns gerechtfertigt fühlen, dass wir existieren*» (SN, S. 650, kursiv von mir).

Doch in einem weiteren Schritt zeigt Sartre, dass die Liebe ihr Versprechen nicht wirklich einlösen kann, was Sartre dazu bringt zu erklären, die Liebe sei «*ihrem Wesen nach ein Betrug*» (SN, S. 659). Sein erstes Argument haben wir schon im Zusammenhang mit der Eifersucht vorgebracht. Gerade weil der Liebende seinem Blick freiwillig Fesseln anlegt, bleibt er auch frei, ihn wieder aus den Fesseln zu befreien und wieder frei schweifen zu lassen. Das aber heisst, dass der Geliebte nie weiss, wann er den Status des «Auserwählten» wieder verliert oder heimlich schon verloren hat (vgl. SN, S. 658). Das zweite Argument für das Betrügerische der Liebe liegt darin, dass zu lieben heisst, vom Anderen geliebt werden zu wollen. Diese Absicht führt notwendig zu einem inneren «Widerspruch» und damit zum «Konflikt» (vgl. SN, S. 656). Der Widerspruch besteht darin, dass jeder Liebende liebt, um vom Anderen geliebt zu werden, «der Geliebte» aber seinerseits «*nicht lieben wollen kann*» (SN, S. 650). Dieser Widerspruch lässt sich nicht auflösen: «Jeder will, dass der andere ihn liebt, ohne sich darüber klar zu werden, dass lieben geliebt werden wollen heisst und dass er also, wenn er will, dass der andre ihn liebt, nur will, dass der andre will, dass er ihn liebt» (SN, S. 657f.). Daraus aber ergibt sich «ein System unendlicher Verweisungen» (ebd.).

Die Liebe ist also schon darum betrügerisch, weil sie ein «in sich widersprüchliches Bemühen» ist, ohne dass dieser Widerspruch auflösbar wäre. Darum muss der Geliebte früher oder später entdecken, dass in Wahrheit «*nichts* meine Kontingenz beseitigt», dass «*nichts* mich von meiner Faktizität rettet» und dass auch «das Problem des Für-Andere-seins *ungelöst* bleibt». Diese ontologische Erfahrung, «auf seine nicht zu rechtfertigende Subjektivität» zurückgeworfen zu werden, ist das eigentlich Schlimme jeder Liebesenttäuschung und kann darum nach Sartre «eine totale Verzweiflung hervorrufen» (SN, S. 660).

Inhaltliche Divergenzen in den Liebesauffassungen von Binswanger und Sartre

Bisher sind Binswanger und Sartre nur hinsichtlich ihres ganz verschiedenen methodischen Zugangs zum Phänomen der Liebe verglichen worden. Nachträglich ist es nun möglich, zu zeigen, dass daraus zwei inhaltlich stark divergierende Liebesauffassungen resultieren. Die erste Differenz wird deutlich, wenn wir an die einleitend gestellte Frage erinnern, ob die zwischenmenschliche Liebe jene Lücke, welche das Schwinden des Gottesglaubens und damit auch der Gottesliebe hinterlassen hat, zu füllen vermöge. Weil Binswanger ein «Wesen» der Liebe vorstellt, in welchem die Endlichkeit des Menschen *in toto* überwunden ist und welches zugleich dem Menschen als Menschen attestiert, prinzipiell für eine solche vollkommene Liebe geschaffen zu sein, vermag die menschliche Liebe in der Sicht Binswangers zumindest prinzipiell diese Lücke auszufüllen. Sartre hingegen kann aus hermeneutischer Sicht diese Frage nur verneinen: für ihn hat der moderne Mensch die Illusion einer göttlichen Liebe aufgegeben, um sie durch eine irdische Liebe zu ersetzen, die ebenfalls «ihrem Wesen nach Betrug ist».

Die zweite Differenz betrifft die Frage, *wovon* die Menschen durch die Liebe erlöst zu werden hoffen. Aus meiner reichlich schematischen Gegenüberstellung von Binswangers

«Liebe» und Heideggers «Sorge» ist ablesbar, wovon die Liebe den Menschen in erster Linie erlöst: von seiner Vereinzelung (Heideggers «Jemeinigkeit»). In der Liebe wird aus zwei Einzelnen ein Liebes*paar* und damit ein «*Wir*». Das «Wir» aber ist jene Existenzform, in welcher die Vereinzelung überwunden ist. Damit vertritt Binswanger jene traditionelle Vorstellung von Liebe, die dem entspricht, was sich auch heute noch viele Menschen von der Liebe ersehnen: nämlich in ihr und dank ihr nicht mehr auf sich gestellt und auch nicht mehr einsam zu sein. Wichtig ist, dass Binswanger diese Sehnsucht als erfüllbar auffasst. – Bei Sartre suchen die Liebenden nicht die Vereinigung, sondern sehnen sich danach, *als je eigene Subjekte* von einem anderen Subjekt geliebt zu werden. Der Mensch sehnt sich also nicht nach Liebe, weil er von sich selber loskommen will dank einer «Wir»-Werdung, sondern weil er vom Liebenden als «einmalig» und «unersetzlich» erkannt sein und durch sein «Erwähltsein» in einer «absoluten Wahl» die Legitimation seiner eigenen Existenz gewinnen will.

Der Mensch als ein fundamental sexuelles Wesen

Während Binswanger lediglich durch die gelegentliche Verwendung des Wortes «Eros» andeutet, dass die Liebe auch eine leiblich-sexuelle Seite hat, verweist Sartre kritisch auf Heideggers Manier, den Menschen ontologisch als Dasein und also «geschlechtslos» zu bestimmen (SN, S. 670).[61] Dazu passt, dass er in seinem Werk *Das Sein und das Nichts* die menschliche Sexualität zu einer «*ungeheuren Angelegenheit*» erklärt, weshalb er unmöglich zugeben könne, «dass diese ungeheure Angelegenheit, die das Geschlechtsleben ist, zur *conditio humana* bloss hinzukommt» (ebd.). Aufgrund seiner Überzeugung, dass der Mensch «ursprünglich» und «fundamental» ein sexuelles Wesen sei, wird nun auch das sexuelle Begehren philosophisch auf seine ontologische Funktion hin untersucht. Zugleich beweist Sartre gerade bei diesem Thema seine herausragende phänomenologische Begabung, indem er ganz minutiös nachzeichnet, worin eigentlich das Spezifische des sexuellen Begehrens besteht. Wir können also gespannt sein, worin sich der ontologische Sinn des sexuellen Begehrens von dem der Liebe unterscheidet.

Sartre stellt zuerst zwei Fragen: Was heisst «selber geschlechtlich zu sein?», und «Wie nehmen wir primär das eigene Geschlecht und das der Anderen wahr?» Auf die erste Frage lautet seine Antwort: «Geschlechtlich-sein bedeutet, *für einen Andern* geschlechtlich zu existieren, der *für mich* geschlechtlich existiert» (SN, S. 672, kursiv von mir). Auf die zweite Frage gibt Sartre zur Antwort: nicht durch ein «uninteressiertes Betrachten» der eigenen und der Geschlechtsmerkmale des Anderen, sondern nur, «indem ich den Anderen begehre» oder «indem ich sein Mich-Begehren erfasse» (ebd.). Das gegenseitige leiblich-emotionale Begehren des Anderen erhält also den Vorrang vor allem blossen Wahrnehmen der Geschlechterdifferenz. Nur das sexuelle Begehren vermag mir mein eigenes Geschlechtlich-Sein und zugleich auch das seine zu enthüllen (ebd.).

Nach der Beantwortung dieser beiden Fragen ist der Weg frei für die phänomenologische Analyse des sexuellen Begehrens, die mit der Frage beginnt, «*worauf*» sich das menschliche Begehren richtet. Die Antwort erfolgt wiederum via Negation der gängigen Auffassung: dass es sich *nicht* auf die eigene Befriedigung richtet und somit auch *nicht* auf den sogenannten Höhepunkt des eigenen Orgasmus hinzielt. Die positive Antwort lautet, das Begehren richte sich auf ein «*transzendentes Objekt*» (SN, S. 673f). Unter dem transzendenten Objekt hat man sich nach Sartre aber gerade nicht wie üblich die Geschlechtsmerkmale des Anderen vorzustellen, etwa die Brüste oder Schenkel einer Frau oder auch ihren nackten Körper im

Ganzen, sondern «eine totale Gestalt in Situation» (SN, S. 674). Objekt des Begehrens ist also eine andere Person als ganze und also so, wie sie sich in einer Situation verhält, wie sie spricht oder lacht oder wie sie sich bewegt.

Dazu passt, dass Sartre als Nächstes die Frage nach dem *Subjekt* des Begehrens stellt und damit auch auf Seiten des Begehrenden die Vorstellung abweist, es sei der Körper, der hier als begehrendes Quasi-Subjekt fungiere: «Zweifellos *bin ich es*, der begehrt, und das Begehren ist ein besonderer Modus meiner Subjektivität» (ebd.). Wenn aber ich selbst als diese Person es bin, die eine andere Person begehrt, was geschieht dann eigentlich mit mir, wenn ich begehre, in welchem «Modus der Subjektivität» existiere ich dann (vgl. SN, S. 676)? Sartre bringt den Vergleich mit Hunger oder Durst: «Jeder weiss, dass ein Abgrund das sexuelle Begehren von den anderen Begierden trennt» (SN, S. 678). Wenn wir Hunger haben, wünschen wir zu essen, um so das Hungerbedürfnis zu befriedigen, was beim sexuellen Begehren gerade nicht der Fall ist: es zielt nicht auf seine Befriedigung. Sartre umschreibt dies als Komplizenschaft: Im sexuellen Begehren mache ich mich «zum Komplizen meines sexuellen Begehrens» (ebd.). Ich setze mich in ein «passives Einvernehmen» mit meinem Begehren, lasse ich doch zu, dass mich das sexuelle Begehren so sehr «packt», «überwältigt», «durchdringt», dass ich «*vor Lust vergehe*». Daraus folgert Sartre, dass, wer sexuell begehrt, sich «auf eine andere Existenzebene» begibt (SN, S. 676), indem das «Bewusstsein sich dem Körper überlässt», weil es «Körper und nur Körper *sein will*» (SN, S. 680).

Welch ein Gegensatz zum normal-alltäglichen Verhältnis des Bewusstseins zum Körper, das wir als jenen «diskreten Ekel» vor dem Körper kennen gelernt haben, der dem Bewusstsein ständig die Kontingenz und Faktizität des eigenen Körpers enthülle![62] – Gerade weil Sartre dem Leser beides vorführt, lässt er nicht nur das Besondere des sexuellen Begehrens hervortreten, sondern vermag auch verständlich zu machen, warum das sexuelle Begehren notwendig aus dem normal-alltäglichen Lebensvollzug herausfällt und, statt in den Alltag integrierbar zu sein, immer das «ganz Andere» zu ihm bleibt. Denn sowohl der Ekel wie das sexuelle Begehren enthüllen dem Bewusstsein dasselbe, nämlich den Körper als blosse Faktizität und damit als blosses Fleisch (vgl. S. 679), nur dass im sexuellen Begehren der Körper des Anderen als «Fleisch» gerade nicht abstösst, sondern unwiderstehlich anzieht.

Dass das sexuelle Begehren auf einer «anderen Existenzebene» spielt, zeigt sich daran, dass das begehrende Ich weder die Scham kennt, wenn es sich dem Anderen nicht nur nackt, sondern auch als begehrend exponiert, noch umgekehrt Ekel verspürt angesichts des nackten, begehrenden Anderen. Offen bleibt allerdings noch, *wie* im sexuellen Begehren der Körper zu Fleisch wird. Sartre betont, dass der Körper einer Tänzerin, auch wenn sie nackt tanze, gerade nicht «Fleisch» sei (vgl. SN, S. 681), sondern immer noch «Körper in Situation». Nur das sexuelle Begehren vermag «den Körper seiner Bewegungen ... zu entkleiden» und erreicht dadurch, dass er nicht mehr «in Situation» ist, sondern als «blosses Fleisch» existiert (ebd.). Das sexuelle Begehren erreicht dies durch das «*Streicheln*» (*caresse*): Ich lasse «durch mein Streicheln unter meinen Fingern sein Fleisch entstehen» (ebd.).

Vom «tiefen Sinn» des sexuellen Begehrens

Wenn es dem sexuellen Begehren, wie eben erwähnt, gelingt, Ekel und Scham fernzuhalten, dann vermag es damit ebenfalls eine wichtige ontologische Funktion zu erfüllen. Es erfüllt nämlich dann den ontologischen Wunsch nach einem Zusammensein mit einem anderen Menschen, das innig-intim und doch zugleich frei von Scham und Ekel ist. Im Zusammensein in gegenseitigem sexuellen Begehren kann sich jeder beim Anderen aufgehoben fühlen, weil beide wissen, dass der Andere, solange er begehrt, nur «*Fleisch*» *und nicht mehr* «*Blick*» sein will.

Je deutlicher uns das Besondere des sexuellen Begehrens vor Augen tritt, umso deutlicher wird auch die Kluft, welche «Liebe» und «sexuelles Begehren» voneinander trennt: Während die Liebe notwendig am Widerspruch scheitern muss, dass jeder vom Anderen geliebt werden will, ist das sexuelle Begehren auf Gegenseitigkeit angelegt, kennt also keinen inneren Widerspruch, kann sich somit als «*Kommunion*» verwirklichen (vgl. SN, S. 692). Deshalb ist «das wirkliche Ziel» des Begehrens immer gegenseitig, weil ausgerichtet auf das «*Erblühen des Fleisches eines am andern und durch das andere*» (SN, S. 692). Sartres Verwendung des poetischen Ausdrucks vom «Erblühen des Fleisches» beeindruckt, wird doch hier der Körper mit einer Blume verglichen, der im Zustand der Erregung wie eine Blume aufblüht. Darum kennt das sexuelle Begehren keinen Ekel, weil jetzt, wenn das Fleisch *er*blüht ist, nichts auf sein *Ver*blühen und Verwelken hinweist. Sartre vermeidet auch jeden Hinweis auf einen möglichen Umschlag des sexuellen Begehrens in sexuelle Abscheu. Dieser emotionale Umschlag ist dennoch möglich, weil der Körper als Fleisch nicht nur den intensivsten physischen Genuss bereithält, sondern auch die intensivste physische Abstossung als zur Verwesung bestimmte Materie. In Genuss und Abscheu drücken sich die beiden gegensätzlichen Einstellungen zum Fleisch-Sein des menschlichen Körpers aus: *bedingungslose Bejahung einerseits, ebenso bedingungslose Verneinung andererseits.*

Sartre spricht selber vom «*tiefen Sinn*» des sexuellen Begehrens und meint damit dessen ontologische Funktion. Auch diesbezüglich erstaunt, wie radikal sich Liebe und sexuelles Begehren voneinander unterscheiden. Anders als die Liebe hat das

Begehren nicht den Sinn, uns mittels Täuschung vor einer ontologischen Wahrheit zu schützen, die uns ängstigt, sondern das Begehren hat den Sinn, einen *ontologischen Wunsch* zu realisieren – den «tiefen» Wunsch nämlich, «die freie Subjektivität des Anderen» berühren zu können (vgl. SN, S. 688), die sich uns sonst immer entzieht. Das erscheint möglich, weil die Freiheit des begehrenden Anderen selber in seinem Fleisch «verklebt ist» (ebd.). Folgt man Sartre, dann scheint das sexuelle Begehren in Gestalt des Streichelns des anderen Körpers die einzige Chance zu sein, selber zum Anderen als freiem Subjekt gelangen zu können. Durch den Blick kann das deshalb nicht gelingen, weil ich den Anderen damit unweigerlich zum «Objekt» meiner Betrachtung mache, womit er als «freies Subjekt» für mich unzugänglich wird. Im Sich-Berühren der beiden Körper hingegen ist der ontologische Wunsch erfüllbar und gewinnt somit das sexuelle Begehren seinen ganz besonderen ontologischen Sinn.

Fazit: Aus Sartres Analyse des sexuellen Begehrens lassen sich zwei bedenkenswerte ontologische Erkenntnisse bezüglich des Verhältnisses zum Anderen herauslesen: erstens die Erkenntnis, dass es nicht nur zum Menschen gehört, *Angst* vor der Freiheit des Anderen zu haben, sondern dass ihm auch die *Sehnsucht* eigen ist, den Anderen als freies Subjekt erreichen zu können; zweitens die Erkenntnis, dass es eine Beziehung zum Anderen gibt, die von Grund auf nicht aggressiv, sondern zärtlich ist und auch nicht die Macht über den Anderen bezweckt, sondern in einem gegenseitigen Geben und Nehmen besteht.

2. Vertrauen als emotionaler Schutz vor Angst, Schuld und Scham

Einleitung

Es wird heute viel darüber geredet, dass das Vertrauen ein kostbares Gut sei, dem man Sorge zu tragen habe. Meist, wenn auch nicht ausschliesslich, ist damit das personale Vertrauen gemeint: die Fähigkeit und Bereitschaft, selber in andere Menschen zu vertrauen sowie von anderen Menschen ins Vertrauen gezogen zu werden. Ohne ein gewisses Mass an gegenseitigem Vertrauen ist ein friedliches Zusammenleben von Menschen nicht möglich. Doch Letzteres basiert nicht nur auf gegenseitigem personalen Vertrauen, sondern auch auf einer gesunden Portion von Vertrauen in die derzeitigen politischen, sozialen und kulturellen Institutionen. Vertrauen ist also nicht gleich Vertrauen, sondern richtet sich auf unterschiedliche «Objekte». Wir unterscheiden entsprechend zwischen dem personalen Vertrauen, dem hermeneutischen Vertrauen ins Verstehen und dem Sinnvertrauen. Dabei geht es uns darum, an alle drei Vertrauensarten dieselben zwei Fragen zu stellen, die wir bereits an die Liebe und an das sexuelle Begehren gerichtet haben: Haben sie auch eine ontologische Schutzfunktion und wenn ja, worin besteht diese?

Die vorerst nur angedeutete Antwort mag, wie schon jene von Sartre, provokativ erscheinen, weil sie ebenfalls das Moment der *Täuschung* hervorhebt. Wir werden zu zeigen versuchen, dass auch das Vertrauen in allen Varianten diese Schutzfunktion nur erfüllen kann, wenn man ihm zu viel zutraut, indem man ihm eine Potenz zuschreibt, über die es in Wahrheit nicht verfügt. Entscheidend ist dabei, dass das Vertrauen in etwas oder jemanden allein nicht genügt. Vielmehr muss dem Vertrauen selber ein möglichst fragloses Vertrauen geschenkt werden. Nur wenn dieses *Metavertrauen* im Sinne eines *Vertrauens ins Vertrauen* ebenfalls gegeben ist, vermag das Vertrauen nahezu dasselbe, was man dem mit ihm eng verwandten Glauben zuschreibt, nämlich «Berge zu versetzen».

Nun ist es auch beim Phänomen des Vertrauens angezeigt, einen kurzen Blick in dessen Geschichte zu werfen, um dabei in unserer Kultur zwangsläufig auf das *Gottesvertrauen* zu stossen. Die drei Formen des Vertrauens, die wir hier voneinander abheben, gehörten alle drei vor der Aufklärung zum Gottesvertrauen. Das Vertrauen in Gott schloss nämlich das Vertrauen in alles Irdische ein. Nicht zufällig war darum die an Gott gerichtete Rede populär: «Herr, ich verstehe dich nicht, aber ich vertraue dir.» Mag den meisten heute dieses Vertrauen in Gott abhandengekommen sein, so ist doch die Sehnsucht nach einem absoluten Vertrauen geblieben. Der Schlussreim eines Gedichtes von Dietrich Bonhoeffer – «Von guten Mächten wunderbar geborgen, erwarten wir getrost, was kommen mag. Gott ist bei uns am Abend und am Morgen, und ganz gewiss an jedem neuen Tag» – würde heute wohl kaum so oft zitiert, wenn er nicht auch die Sehnsucht von areligiösen Menschen zum Ausdruck bringen würde, sich, was immer kommen mag, in einem derart unerschütterlichen Vertrauen geborgen fühlen zu können, wie es Bonhoeffer als gläubiger Christ vermochte.

Ähnlich beliebt ist heute der seit Jahrhunderten tradierte Spruch aus dem Mittelalter, dessen Verfasser nicht bekannt ist. Ohne sich auf Gott zu beziehen, liegt ein ungebrochenes *Urvertrauen* in die Welt in ihm: «Ich bin, ich weiss nicht wer; Ich komme, ich weiss nicht woher; Ich gehe, ich weiss nicht wohin; Mich wundert, dass ich so fröhlich bin.» Dass jemand bei allem Wissen um ein fundamentales Nichtwissen und eine fundamentale Unsicherheit trotzdem fröhlich durchs Leben gehen kann, tönt wie ein «Wunder». Es kann sich dabei nur darum handeln, *trotzdem zu vertrauen*, obwohl man sich bezüglich des eigenen Seins in der Welt keine Illusionen macht.

Lässt sich die Möglichkeit eines solchen Vertrauens philosophisch begründen? Das ist dann möglich, wenn man sich auf den Standpunkt stellt, auch das Vertrauen sei ein ursprünglich zum Menschen als Menschen gehörendes Gefühl und also nicht nur eine fundamentale Antwort auf die einzig ursprüngliche Angst. Trifft das zu, dann ist das Vertrauen ein Grundgefühl, das in jedem Menschen bereitliegt, mag es auch oft aufgrund allzu negativer Erfahrungen verschüttet sein. Der mittelalterliche Dichter gibt dann lediglich diesem Urvertrauen Ausdruck, das prinzipiell in jedem Menschen liegt, weil es zu ihm als Menschen gehört.

Stellt man sich hingegen auf den existenzphilosophischen Standpunkt, ist eine Begründung schwieriger zu liefern, eben weil hier das Vertrauen, nicht anders als die Liebe, zu den fundamentalen *Reaktionen* zu zählen ist, die den Sinn haben, vor den unheimlichen Seinserfahrungen von Angst, Schuld und Scham zu schützen. Das positive, fröhliche Lebensgefühl des mittelalterlichen Dichters lässt sich hier deswegen nicht einordnen, weil es ja mit der unerschrockenen Konfrontation mit dem, was nach Heidegger nur die Angst erschliesst, zusammengeht. Allerdings findet sich in *Sein und Zeit* eine einzige Stelle, in der auch Heidegger Angst und Freude zusammenbringt: «Mit der nüchternen Angst, die vor das vereinzelte Seinkönnen bringt, geht die gerüstete Freude an dieser Möglichkeit zusammen» (SZ, S. 310). Als «nüchtern» bezeichnet Heidegger die Angst wohl deswegen, weil er hier die «ausgehaltene» Angst meint, die dank ihrer Bejahung nicht kopflos macht, sondern den Menschen in sich sammelt und einen klaren Blick auf sich und die Welt freigibt. Die Begründung dafür, warum dann, wenn man die Angst akzeptiert, auch Freude aufkommt, bleibt Heidegger allerdings schuldig. Ist es also auch nur ein Versprechen, das nach allen Desillusionierungen eine Hoffnung wachhalten will? Oder will er damit andeuten, dass sich die «Angst» *nicht immer gleich, sondern unterschiedlich anfühlt,* je nachdem, ob man sie verneint oder bejaht? Das nämlich ist, wie therapeutische Erfahrungen zeigen, der Fall.

Die jetzt folgenden drei Unterkapitel widmen sich dem Vertrauen in existenzphilosophischer Perspektive. Sie gehen davon aus, dass das Vertrauen immer schon auf eine grundlegendere ontologische Erfahrung antwortet, nämlich die Angst. Darum werden die drei hier vorgestellten Vertrauensformen auch daraufhin befragt, wie sie über eine ontologische Wahrheit hinwegtäuschen und dadurch ein Leben ermöglichen, das zwar nicht von konkreten Belastungen, aber doch von der Seinslast weitgehend entlastet ist.

Wir haben diese Einleitung mit dem Hinweis darauf begonnen, dass das Vertrauen heute als ein kostbares Gut gilt. Im Hintergrund solcher Beteuerungen steht, ob bewusst oder nicht, die Tatsache, dass das Vertrauen immer dort unerlässlich wird, wo es keine Gewissheit gibt. Und diese fehlt immer dann, wenn wir es *nicht* mit Dingen zu tun haben, die natürlichen Gesetzmässigkeiten oder technischen Regeln gehorchen. Darum muss ich, werfe ich einen Ball in die Luft, nicht darauf vertrauen, dass er wieder auf den Boden zurückfällt, weil ich es mit Sicherheit weiss. Vertrauen ist also immer dann unverzichtbar, wenn eine solche Gewissheit fehlt und auch auf keine Weise zu gewinnen ist. Vertrauen muss überall dort einspringen, wo Gewissheit gar nicht möglich ist. Das gilt für alle zwischenmenschlichen Beziehungen, in denen das *personale Vertrauen* die fehlende Gewissheit ersetzen muss. Es gilt auch für alles Verstehen, auf das wir uns immer nur bedingt verlassen können, weshalb auch hier ein *hermeneutisches Vertrauen* ins Verstehen unerlässlich ist. Auch die Frage, ob das Leben Sinn hat und ob wir Menschen sogar in einem tiefen Sinn eingebettet sind, ist eine Frage des *Sinnvertrauens* und nicht irgendeiner Gewissheit. Gleichzeitig bleibt unbestritten, dass alles Vertrauen ein Wagnis beinhaltet, das wir eingehen müssen, weil ein Leben ohne Vertrauen gar nicht möglich ist.[63]

a) Personales Vertrauen

Es gibt gute Gründe, das dreigliedrige Kapitel über «Vertrauen» mit dem *personalen* Vertrauen zu beginnen. Das personale Vertrauen steht der Liebe am nächsten, denn beides sind Grundgefühle, welche ontologisch auf die Unheimlichkeit des Anderen als freies Subjekt antworten, und beide antworten mit dem Versprechen, eine emotional nahe Beziehung zum Anderen zu ermöglichen, in der ich mich mit und bei ihm zugleich vor ihm geschützt fühlen kann.

Wie schon bei der Liebe drängt sich auch beim personalen Vertrauen ein kurzer Blick zurück in die vormodern-religiöse Zeit auf. Denn so wie die Liebe, die uns nicht enttäuschen wird, damals einzig bei Gott war, so auch das Vertrauen. Darum die stete Ermahnung an die Gläubigen, auf Gott statt auf Menschen zu vertrauen, mit der Begründung, dass nur «Wer Gott dem Allerhöchsten traut, der hat auf keinen Sand gebaut».[64] Der Gegensatz zum Sand, der jederzeit vom Wind weggeweht werden kann, ist der Fels. Er hält allen Stürmen und auch der Brandung des Meeres Stand und gibt darum wahren Halt und Schutz. Wer auf Gott vertraut, hat deshalb auf einen Felsen gebaut, weil auf Gott *absoluter Verlass* ist. Menschen sind hingegen unzuverlässig, weil sie in einem Konflikt zwischen Eigeninteressen und sozialen Verpflichtungen gerne Ersteren den Vorzug geben. Darum warnt der Volksmund: «Trau, schau, wem». Diese Warnung ist zwar berechtigt, nur genügt es nicht, sie zu beherzigen. Das eigentliche Problem des personalen Vertrauens liegt darin, dass man immer ein Risiko eingeht, wenn man jemanden ins Vertrauen zieht oder sich «auf Treu und Glauben» auf dessen Unterstützung verlässt. Darum kennen wir alle die entsetzten Ausrufe wie: «Aber du hast mir doch versprochen, dass du niemals ….» oder «dass du immer …» oder «dass du mich wenigstens in diesem Fall nicht hängen lassen würdest». Sie drücken aus, dass das eigene Vertrauen gänzlich unerwartet und wie aus heiterem Himmel enttäuscht oder gar missbraucht worden ist. Generell aber machen solche Ausrufe auch deutlich, dass man sich mit jedem Vertrauensakt dem Anderen ein Stück weit ausliefert, weil Vertrauen grundsätzlich immer ein *Vertrauensvorschuss* ist, den der Andere mit seiner Vertrauenswürdigkeit entweder belohnen oder aber mit einem Vertrauensbruch enttäuschen wird. Ontisch können die Motive für einen Vertrauensbruch moralisch fragwürdig oder auch nachvollziehbar sein, ontologisch liegt der Grund immer darin, dass der Andere ein freies Subjekt ist und bleibt, das also auch frei ist, seine Einstellung mir gegenüber zu ändern. Darum kann kein mitmenschliches Vertrauensverhältnis «auf Fels gebaut» sein, mag jemand auch schwören, er sei absolut vertrauenswürdig. Das erinnert uns an die Aussage am Ende der Einleitung, dass immer dort Vertrauen einspringen muss, wo es der Natur der Sache nach keine Gewissheit geben kann.

Wenn dem aber so ist, warum hat man dann auch die religiöse Beziehung zu Gott als ein Vertrauensverhältnis bestimmt? Das scheint unlogisch, wenn man doch zugleich weiss, dass es an Gottes Treue keinen Zweifel geben kann. Der Grund dafür liegt anderswo, nämlich in der Transzendenz Gottes. Aus demselben Grund «glaubt» der Mensch an Gott und wird dadurch zum «Gläubigen». Für Gott gibt es aufgrund seiner Abwesenheit und zugleich Unsichtbarkeit keinen gesicherten Existenzbeweis. Darum hat Kierkegaard auch vom «Sprung» in den Glauben gesprochen. Für den Gläubigen allerdings fallen Gottvertrauen und Gottesgewissheit zusammen, weshalb es kein Widerspruch ist, auf Gott zu vertrauen und zugleich zu wissen, dass man mit diesem Vertrauen nicht auf Sand, sondern auf Felsen gebaut hat.

Ich habe diese Überlegung zum Gebrauch des Wortes «Gottvertrauen» darum hier eingeschoben, weil sie uns helfen wird, die Frage zu beantworten, ob wir auch in persönlichen Vertrauensbeziehungen Schutz suchen vor der bedrohlichen Freiheit des Anderen. Die Historikerin *Ute Frevert* stellt in ihren Untersuchungen zur Entwicklung des modernen Vertrauens fest, dass das Wort Vertrauen seit Ende des 18. Jahrhunderts auch im *ausserreligiösen Bereich* immer häufiger benutzt und zunehmend als «Wert an sich» gehandelt wird.[65] Sie spricht davon, dass die bislang benutzten Worte «Zuversicht» und «Verlässlichkeit» seither zunehmend durch das Wort «Vertrauen» ersetzt werden, obwohl erstere passender wären. Frevert verbindet das damit, dass das Wort Vertrauen bereits damals eine «verlockende Aura» und darum eine grössere Ausstrahlungskraft als Worte wie Zuversicht oder Verlässlichkeit hatte. Wenn wir hier an die religiöse Herkunft des Wortes Vertrauen und damit auch an die Aura erinnern, die dem Wort Gottvertrauen eigen war, kann uns das nicht wundern. Wir sehen also, dass das Wort Vertrauen deshalb in der Moderne säkularisiert wird, weil es seine ursprünglich religiöse Aura weiterhin beibehält und damit dem zwischenmenschlichen Vertrauen einen Nimbus verleiht, der seinen Wagnischarakter vergessen lässt.

Diesen Nimbus braucht das Vertrauen ebenso wie die Liebe in einer Zeit, in welcher der Mensch als autonomes «Individuum» gilt, das sein Leben selber in die Hand zu nehmen und zu führen hat. Dazu gehört nun auch, als Ersatz für das früher durch Sippe und religiöse Gemeinschaft vorgegebene soziale Netz Vertrauensbeziehungen zu anderen Individuen zu finden.

Jeder hat nun einen eigenen Bekannten- und Freundeskreis aufzubauen, der unabhängig ist von familiären Bindungen und trotzdem Sicherheit und Geborgenheit gibt. Dennoch stellt sich die Frage: Wie kann man sich in selbstgewählten persönlichen Beziehungen zu anderen Menschen, die doch unabhängige Individuen bleiben, sicher und aufgehoben fühlen?

Hier wird nun die Entdeckung von Frevert, dass das Wort Vertrauen seit über 200 Jahren eine besondere Aura ausstrahle, wichtig. Diese Aura beinhaltet nämlich das typisch moderne Versprechen «Wer wagt, gewinnt». An die Stelle der Warnung «Trau, schau, wem!» tritt die Aufforderung «Wage zu vertrauen», verbunden mit dem Versprechen «Wer vertraut, wird belohnt». Diese suggestive Aufforderung, das Vertrauen in andere Menschen zu wagen und so das Glück zu finden, trifft auf umso offenere Ohren, je isolierter und entwurzelter sich das moderne Individuum fühlt. Im Grunde hat das moderne Individuum keine andere Wahl, als das Vertrauen zu wagen, um sich in dieser Welt einigermassen zu beheimaten. Daher rührt die zunehmende Sehnsucht nach «wahren» Freunden, auf die man sich auch in schwierigen Zeiten verlassen kann. Doch das Individuum braucht Zuspruch, um das Wagnis einzugehen. Die Aura des Wortes «Vertrauen» verblasst, wenn sie nicht ständig neu ‹aufpoliert› wird. Das hat Friedrich Schiller getan mit der Ballade *Die Bürgschaft*, welche den unersetzbaren Wert wahrer Freundschaft feiert. Sie fand sich deshalb in jedem Lesebuch für den Deutschunterricht höherer Schulen. Diese Ballade erzählt die Geschichte von *Dionys*, dem Tyrannen von Syrakus, und *Möros*, einem Bürger von Syrakus, der beim Versuch, den Tyrannen zu ermorden, entdeckt wird und dafür ans Kreuz geschlagen werden soll. Möros bittet nun den Tyrannen um eine Gnadenfrist von drei Tagen, bis er «der Schwester den Gatten gefreit», und bietet ihm als «Bürge» seinen Freund an, der bereit sei, an seiner Stelle im Gefängnis zu warten und auch für ihn zu sterben, falls er nach drei Tagen nicht wieder zurückgekehrt sei. Dionys, selber beherrscht vom Misstrauen, ist überzeugt, dass es Möros nur darum geht, durch diese listige Inszenierung sein eigenes Leben zu retten und dafür seinen Freund zu opfern. Als Möros wider Erwarten gerade noch rechtzeitig zurückkommt und damit dem bedingungslosen Vertrauen seines Freundes recht gibt, ist Dionys' «Herz bezwungen», sodass er Möros begnadigt und zugleich darum bittet, «Ich sei in eurem Bunde der Dritte».

Ein wachsendes «Vertrauen ins Vertrauen» als Resultat seiner öffentlichen Idealisierung

Der moderne Mensch ist darauf angewiesen, in individuellen Vertrauensbeziehungen zu ausgewählten anderen Menschen Schutz und eine gewisse Geborgenheit zu finden. Damit steigt die Bedeutung öffentlicher Propagierung des personalen Vertrauens als einer besonders lohnenswerten und zugleich auch rühmenswerten Fähigkeit des Einzelnen. Dadurch gewinnt das Vertrauen ein öffentliches Ansehen, das es nun für den Einzelnen attraktiv macht, dieses Ansehen selber auch zu erwerben durch ein grosszügiges Schenken von personalem Vertrauen. Je grösser das Ansehen von Vertrauensbeziehungen, je weniger Mut ist erforderlich, solche einzugehen. Es entsteht von selbst ein *«Vertrauen ins Vertrauen»*, das vergessen lässt, dass jedes Vertrauen mit einem Risiko behaftet ist. Wer dem Vertrauen vertraut, erlebt den Vertrauensakt nicht mehr wie einen *Sprung* ins Ungewisse, den man ganz allein riskiert. An die Stelle des Gefühls, ein Wagnis einzugehen, tritt eine Zuversicht, dass es schon gut gehen wird. Auch eine Enttäuschung ist besser zu verkraften, weil man weniger befürchten muss, als naiv belächelt zu werden, sondern eher Mitgefühl erwarten kann.

Die grundsätzlich positive öffentliche Einstellung zum Vertrauen schlägt sich auch in der zunehmenden Beliebtheit der Worte «Grundvertrauen» oder «Urvertrauen» nieder, wobei beide Begriffe psychologisch oder philosophisch, aber nicht mehr religiös gemeint sind. Dalferth und Peng-Keller sprechen als Herausgeber des Bandes *Grundvertrauen* von einem «Leben im Modus des Vertrauens».[66] Damit ist zwar nicht ein Leben gemeint, das von blindem Vertrauen gegenüber jedermann geleitet ist, wohl aber eine das Leben leitende Grundhaltung, die dem Vertrauen prinzipiell den Vorzug gibt vor dem Misstrauen und die es ermöglicht, anderen Menschen primär mit einem gewissen Vertrauensvorschuss zu begegnen.

Es ist eindrücklich, dass das Vertrauen in der Regel vom Misstrauen abgesetzt wird, nicht aber von der Angst. Das Verschweigen der Tatsache, dass Vertrauen *per se* mit Nichtwissen und mit Ungewissheit verbunden ist, dient ebenfalls seiner öffentlichen Idealisierung. Der Philosoph *Emil Angehrn* bezieht das Vertrauen zwar auf die Angst, wenn er schreibt: «Vertrauen steht in abgründiger Spannung zur Angst», gibt dem Vertrauen aber doch den Vorrang, wenn er weiterschreibt: «Vertrauen schafft Sicherheit, besiegt Unsicherheit und Angst – und Vertrauen basiert auf Sicherheit, besiegt Unsicherheit und Angst».[67] Es ist ihm zwar zuzustimmen, dass das Vertrauen der «Angstbewältigung» dient, nicht aber seiner Suggestion, das Vertrauen vermöge die Angst zu besiegen. Damit gesteht Angehrn dem Vertrauen den Rang eines ursprünglich zum Menschen gehörenden und also von der Angst unabhängigen Gefühls zu, das erst noch die Macht hat, von der Angst zu erlösen. Diese Auffassung von einem Vorrang des Vertrauens gegenüber der Angst deuten Dalferth und Peng-Keller sogar in Kierkegaards Analyse der Angst hinein, wenn sie erklären, dass Kierkegaard in diesem Buch «das Fehlen bzw. den Zusammenbruch solchen Vertrauens [das heisst des Grundvertrauens] als Angst vor dem Nichts, Angst vor der Freiheit, Angst vor dem Bösen und Angst vor dem Guten analysiert» habe (Dalfert/Peng-Keller, S. 10). Vergleichbar Binswangers Liebe hat bei diesen Autoren das Grundvertrauen den Rang des wahren *Grundgefühls*, das ursprünglicher ist als die Angst und darum auch von der Angst zu erlösen vermag. Entsprechend wird die Angst, wie schon bei Binswanger, auf jenes negative Gefühl zurückgestuft, welches einen individuellen Mangel an Grundvertrauen anzeigt.

Zur zusätzlichen Überhöhung des personalen Vertrauens haben aber in der Neuzeit nicht nur Dichter und Philosophen beigetragen, sondern auch die Psychoanalyse. Das ist darum wichtig, weil sich hier der Kliniker zu Wort meldet, der seine Aussagen auf empirische Erfahrungen abstützt.

Das Urvertrauen als der Eckstein einer gesunden Persönlichkeit: *Erik H. Erikson*

Einen empirischen «Beweis» dafür, dass das Vertrauen ein «Grundgefühl» ist, hat der Psychoanalytiker Erikson Ende der 1950er Jahre mit seiner Theorie der Entstehung des Vertrauens in der frühesten Kindheitsphase vorgelegt. Er selber sprach von ‹basic trust›, was als «Ur-Vertrauen» ins Deutsche übersetzt wurde und dadurch bewirkte, dass heute auch umgangssprachlich von Urvertrauen geredet wird.[68] Gleich zu Anfang bezeichnet Erikson das «Ur-Vertrauen» als «*den Eckstein der gesunden Persönlichkeit*» (Erikson, S. 63). Die Verwendung des Bildes vom Eckstein ist aufschlussreich: Stellt man sich ein Gebäude vor, dann hat dies in der Regel vier Ecken und also auch vier Ecksteine mit tragender Funktion, welche das Gebäude gegen einen Einsturz sichern. Dem Urvertrauen wird hingegen zuerkannt, der eine und einzige Eckstein zu sein, der die Gesundheit einer Persönlichkeit trägt und sichert. Das scheint besagen zu wollen, dass von einer besseren oder schlechteren Entwicklung des Urvertrauens fast alles Spätere abhängt, vor allem aber, wie resistent und auch resilient oder aber anfällig und verletzbar ein Kind auf die «Krisen» in den kommenden Phasen der Entwicklung reagieren wird.

Dazu passt, dass Erikson das «Ur-Vertrauen» wie auch sein Gegenstück, das «Ur-Misstrauen», als «Ur-Erfahrungen» bezeichnet, sind es doch für ihn die ersten Gefühle, die sich ausbilden und die darum auch nicht erinnert werden (ebd., S. 62), gerade als solche aber den Grund und Boden bilden für die kommende seelische Entwicklung. Das Urvertrauen von Erikson ist nicht bloss auf Mitmenschen bezogen, sondern genauso auf sich selbst. Wer ein Gefühl des Urvertrauens ausbilden kann, der vertraut also nicht nur darauf, sich auf andere «verlassen zu dürfen», sondern er vertraut auch auf die eigene Verlässlichkeit (ebd.). Beide, Fremdvertrauen und Selbstvertrauen, gehören am Anfang zusammen und entstehen gemeinsam in den ersten Lebensmonaten.

Erikson bezieht das Urvertrauen strikt auf sein Gegenteil, das Urmisstrauen, was schon die Überschrift des ersten Kapitels «Ur-Vertrauen gegen Ur-Misstrauen» anzeigt. Das Urvertrauen kann sich dann ausbilden, wenn das Neugeborene mit der Mutter die Erfahrung des «Gegeben-Bekommens und Annehmens» machen kann. Dank einer solchen gelingenden Wechselseitigkeit von mütterlichem Geben und Gegeben-bekommen macht das Kind «die erste Erfahrung eines freundlichen Anderen» (ebd., S. 65). Diese Erfahrung aber bildet die Grundlage dafür, später selber ein Gebender zu werden. Fehlt diese Erfahrung, wird sich, so Erikson, «die Verletzung des Ur-Vertrauens in einem Ur-Misstrauen» ausdrücken (ebd., S. 63). Das leuchtet ein. Fraglich scheint mir hingegen, ob es sich bei Urvertrauen und Urmisstrauen um die beiden ersten emotionalen Erfahrungen handelt, die das Neugeborene macht und die deshalb zu Recht als «Ur-Erfahrungen» bezeichnet werden können.

Mich wundert Eriksons These des «emotionalen Anfangs» deshalb besonders, weil sie ohne Verweis auf das 1924 erschienene Buch des Freud-Schülers *Otto Rank* über das *Trauma der Geburt* erfolgt, obwohl es damals längst allgemein bekannt war. Otto Rank begründete seine These von der Geburt als einer generell traumatischen Erfahrung für das Neugeborene damit, dass es mit einem überwältigenden Angsterlebnis einhergehe.[69] Dieses primäre Angsterlebnis ist die normale Reaktion des Neugeborenen auf den plötzlichen Verlust der bisherigen bergenden Hülle und muss als die eigentliche Urerfahrung gelten. Nur weil Erikson die Urerfahrung des *Zur-Welt-Kommens* gar nicht in seine Überlegungen einbezieht, kann er das Urvertrauen mitsamt seinem Gegensatz, dem Urmisstrauen, als jene uranfängliche Erfahrung behaupten, mit der das emotionale Leben des Kindes beginne. Das psychoanalytisch weit plausiblere Vorgehen, das Urvertrauen statt nur auf das Urmisstrauen als seinen unmittelbaren Gegensatz auf die uranfängliche Angst zu beziehen, würde dem *Ur*vertrauen allerdings den Nimbus des *Ur*sprünglichen rauben und Urvertrauen und Urmisstrauen als die beiden ersten und damit grundlegenden *Antworten* auf die Urerfahrung der Angst verstehen lassen. Der Säugling würde dann unter der Bedingung eines verlässlichen Gehalten- und Genährt- und Gepflegt-Werdens jenes Urvertrauen ausbilden, das die Urerfahrung der Angst zwar nicht auslöschen, aber die Gefahr eines Wiederauftauchens minimieren und sein Wiedererleben abschwächen kann.

Eriksons Lehre vom Urvertrauen hat über die letzten Jahrzehnte einen enormen Einfluss auf die öffentliche Meinung gewonnen und zweifellos viel dazu beigetragen, dass die seelische Fähigkeit, in sich und die Welt vertrauen zu können, bis heute als «Eckstein einer gesunden Persönlichkeit» gilt. Auch diese

Auffassung fördert das «Vertrauen ins Vertrauen», eben weil es nun als Zeichen seelischer Reife gilt, Vertrauen schenken zu können.

Fazit: Wir haben das Kapitel über das personale Vertrauen mit dem Hinweis begonnen, dass dieses Vertrauen aufgrund der Unberechenbarkeit seines Objekts immer den Charakter eines Wagnisses habe und also Mut brauche. Mut braucht es aber immer nur, wenn Angst zu überwinden ist. Inzwischen haben wir gelernt, dass die ontologische Schutzfunktion weniger davon abhängt, wie riskant das personale Vertrauen realiter ist, sondern mehr davon, wieviel Sukkurs die öffentliche Meinung diesem Vertrauen gibt, wie stark sie das *Vertrauen ins Vertrauen* propagiert und das Vertrauen idealisiert. Wenn eine Mehrheit der Bevölkerung *daran glaubt*, dass es sich beim Vertrauen a) um ein ursprüngliches Gefühl handelt, das in jedem Menschen angelegt ist, und dass es b) den seelisch reifen Menschen auszeichnet, für ein personales Vertrauen in Mitmenschen fähig und bereit zu sein, dann kann auch das personale Vertrauen dank dieser notorischen Überschätzung die kontrafaktische Kraft gewinnen, gegen den Einbruch der Angst in den Alltag zu schützen.

Allerdings zeigt eine neue soziale Entwicklung, welche wieder das Vertrauen in Menschen «meinesgleichen» bevorzugt, wie stark das personale Vertrauen trotz aller Aura weiterhin als Wagnis erfahren wird. Gesucht wird zunehmend die Zugehörigkeit zu einer «kulturellen Identität», welche von der Last der individuellen Ich-Identität entlastet. Auch hier flieht das Ich-Selbst in ein Wir-Selbst, allerdings nicht mehr wie bei Binswanger in das Wir von Ich und Du, sondern in das Wir einer Gruppe mit identischer Weltanschauung und identischer Gefühlslage, oft auch identischer Hautfarbe oder anderer identischer Körpermerkmale.[70] Das bedeutet, dass auf die existenzielle Grundfrage «Wer bin ich?» keine individuelle Antwort mehr gesucht wird. Damit ist der Wagnischarakter des personalen Vertrauens entschärft, wenn man überhaupt noch von personalem Vertrauen reden kann, erscheint mir doch unter den Bedingungen einer kulturellen Identität der Andere weniger als Individuum denn als Gleichgesinnter. Auch enge Zweierbeziehungen werden nun wieder innerhalb der eigenen Gruppe eingegangen. Damit ist man sowohl vor der Angst, ein Einzelner zu sein, wie vor der Schamangst im Sinne Sartres, *für den Anderen zu sein*, geschützt.

b) Hermeneutisches Vertrauen ins Verstehen

Vom Verstehen zum Vertrauen ins Verstehen

Hermeneutisches Vertrauen meint das Vertrauen ins «Verstehen». Der uns hier leitende Verstehensbegriff stützt sich vor allem auf Heideggers existenzial-hermeneutische Überlegungen in *Sein und Zeit*. Die beiden für uns zentralen Momente sind bereits in Teil I herausgestellt worden, ihre kurze Wiedererinnerung ist aber auch für die folgenden Überlegungen wichtig. Das eine Moment betrifft Heideggers Eingrenzung der *Reichweite des Verstehens* als Folge seiner Aufnahme von Kierkegaards Entdeckung der «Angst». Wenn Heidegger die Angst als «ausgezeichnete Erschlossenheit des Daseins» definiert, dann will er damit zum Ausdruck bringen, dass die Angst dem Menschen unabhängig von allem Verstehen die nackte Wahrheit über sein Menschsein enthüllt. Daraus folgt für Heidegger, dass den Emotionen ebenfalls eine Erkenntniskraft zuzugestehen ist, die dort, wo es um die ontologische Aufschliessung des Seins des Menschen geht, jeder verstehenden Sinndeutung voraus- und zugrunde liegt. Darum ist die in Angst, Schuld und Scham erschlossene Wahrheit «ursprünglicher» als jede Sinnwahrheit und lässt sich darum durch Letztere nicht aufheben. Das andere

Moment liegt im Anspruch des Verstehens auf universale Reichweite. Dank diesem überschiessenden Anspruch kann das öffentliche Verstehen des Common Sense vorgeben, dass alle Erfahrung prinzipiell verstehbar sei. Das ist der Grund, warum der Mensch vor der überfordernden Angst in den Common Sense flieht.

Hier geht es um den Aufweis, dass das Verstehen diese Schutzfunktion nur erfüllen kann, wenn man ihm auch wirklich zutraut, was es leisten zu können beansprucht. Das Verstehen kann überhaupt nur gelingen dank dem Vertrauen, das es geniesst. Das belegen Erkenntnisse der phänomenologischen Psychiatrie wie auch der Psychoanalyse, die sich mit schweren Störungen des «Verstehens» befassen und dabei erkennen, dass dabei immer das *Vertrauen ins Verstehen* erschüttert ist oder ganz fehlt.

Für Heidegger hat das «Man» (der Common Sense) die Funktion eines Auffangnetzes. Es fängt den normalen Durchschnitt der Bevölkerung auf, dem es gelingt, vor der «emotionalen Wahrheit» in die Seinsvergessenheit des «Man» zu fliehen. Für ihn bildet die Teilhabe an diesem öffentlichen Weltverständnis den ‹normalen› Schutzwall gegen die überfordernden Einbrüche von Angst-, Schuld- und Schamerfahrungen in den Alltag. Das «man-hafte» Verstehen des Common Sense schützt vor solchen Einbrüchen aber nur dank einem fraglosen Vertrauen in eine prinzipielle Verstehbarkeit von allem und jedem, womit eine davon unabhängige emotionale Wahrheit unvereinbar wäre.

Fragloses Vertrauen ins basale Verstehen

Nun drängt es sich auf, beim Verstehen zwischen einem *basalen* und einem darauf basierenden *höheren* Verstehen zu unterscheiden. In der Regel wird «Verstehen» mit seiner höheren

Variante gleichgesetzt, die darin besteht, *etwas* zu verstehen. Heidegger hat dagegen in *Sein und Zeit* bei einem grundlegenderen Verstehen angesetzt, das dem menschlichen Lebensvollzug als solchem eigen ist. Weil wir nicht mehr von biologischen Instinkten geleitet sind wie die Tiere, müssen wir uns «*aufs Leben verstehen*». In diesem basalen Sinne ist das Verstehen ein lebenspraktisches «Können», ein Gewusst-wie (SZ, S. 143). So wie der Koch sich aufs Kochen verstehen muss, muss sich der Mensch aufs «Existieren» verstehen. Dieses Verstehen bildet den Bodensatz auch des Common Sense, denn es ist das Insgesamt dessen, *was sich von selbst versteht* und was man darum ganz selbstverständlich weiss und kann: also das Allergewohnteste und damit auch das Gewöhnlichste. Dazu gehört beispielsweise die Kenntnis der Bedeutung von Grundworten der eigenen Muttersprache oder die Kenntnis der Verwandtschaftsrelationen, die erlauben, zwischen dem eigenen Bruder und dem Cousin und dem Onkel und dem Neffen unterscheiden zu können.

Die luziden Beschreibungen der phänomenologisch-anthropologischen Richtung der Psychiatrie lehren uns, dass auch dieses Grundverständnis in Form der gemeinsam geteilten «Selbstverständlichkeiten» nichts ist, was uns Menschen selbstverständlich gegeben ist. Sie beschreiben Menschen, denen auch diese elementarsten Selbstverständlichkeiten fraglich sind und für die darum nichts fraglos gilt, nichts fraglos wahr ist und darum nichts fraglosen Halt gibt. Diese Menschen leiden gemäss psychiatrischer Diagnostik an einer Schizophrenie. Für uns ist der Nachweis entscheidend, dass auch diese Nicht-Teilhabe am fraglos Selbstverständlichen *durch ein fehlendes Vertrauen bedingt ist* – was bedeutet, dass sogar die Teilhabe an dem, was als das Selbstverständliche die Basis von allem bildet, nur über das fraglose Vertrauen in dessen Wahrheit und Verlässlichkeit möglich wird. Daraus aber können wir schliessen, dass das, was schon für das basalste Verstehen gilt, für das höhere Verstehen ebenfalls gelten muss: dass es immer nur als Vertrauen ins Verstehen wirksam ist. – Wir beginnen hier mit drei Theorien, die das Vertrauen ins elementare Verstehen betreffen.

Die erste Theorie hat *Wolfgang Blankenburg* mit seinem 1971 erschienenen und inzwischen zum Klassiker gewordenen Buch *Der Verlust der natürlichen Selbstverständlichkeit* vorgelegt.[71] Dieses Buch hält sich an die aufschlussreichen Selbstschilderungen einer jungen Patientin, die detailliert zu beschreiben vermochte, was ihr fehlt, und das ihr Fehlende selber «die natürliche Selbstverständlichkeit» nannte, die man normalerweise habe. Sie bezeichnete es auch als jenes «Kleine», «ganz Gewöhnliche», das man immer schon haben müsse, um ein normales Leben führen zu können. Sie hingegen müsse jeden Tag wieder neu anfangen, weil ihr nie etwas selbstverständlich werden könne. Immer müsse sie sich noch einmal vergewissern und bleibe auch dann unsicher. Sie könne aber auch niemanden fragen, weil die anderen ganz andere Fragen hätten. Wenn sie zum Beispiel sage, sie fühle sich allem so wehrlos ausgeliefert, dann würden die anderen sagen, sie müsse lernen sich zu wehren. Aber darum gehe es nicht, sie könne sich wehren, nur helfe ihr das nichts. Sie meint damit, dass ihr nichts, was sie kann, einen Rückhalt und damit ein Gefühl von Selbstvertrauen geben kann. Darum bleibt sie immer wieder neu allem völlig ausgeliefert. Alles «wirft sie um», was sie auch *körperlich als sehr schmerzhaft* erfährt (Blankenburg, S. 88). – Ihre Schilderungen machen deutlich, dass sie auch dem Selbstverständlichen nicht vertrauen kann, weshalb ihr auch nichts «vertraut» werden kann. Sie muss sich darum immer neu wieder an dem abarbeiten, was normalerweise gar nie infrage steht, sondern jenen sicheren Boden bildet, in dem das normal-alltägliche Verstehen gründet.

In existenzial-hermeneutischer Perspektive ist das, was man unter dem Gesichtspunkt des Vertrauens ins Verstehen als dessen Fehlen feststellen muss, als Manifestation einer «schizophrenen», das heisst umfassenden *Hellhörigkeit* zu verstehen: Diese junge Frau ist hellhörig dafür, dass auch das menschliche Verstehen «durch und durch von Nichtigkeit durchsetzt» ist und es darum jene Sicherheit, die es zu geben vorgibt, *de facto* gar nicht geben kann. Blankenburg weist im Zusammenhang mit der Wehrlosigkeit der Patientin auch darauf hin, dass sie sich «nicht gerechtfertigt fühle» (ebd., S. 102). Darin zeigt sich auch ihre besondere Hellhörigkeit für die *ontologische Schuld*. Sie schreckt vor der Zumutung zurück, sich sogar zum Verstehen selber ermächtigen zu müssen. Sie getraut sich darum nicht, sich selber die Fähigkeit zu attestieren, etwas wirklich verstanden zu haben, eben weil sie sich nicht darüber hinwegtäuschen kann, dass dies unweigerlich schuldig macht.[72]

Fragloses Vertrauen in das implizite Wissen und Können des Leibes

Auch Blankenburg hat bereits auf die mangelnde Verwurzelung seiner Patientin in ihrem Leib hingewiesen. Der phänomenologische Psychiater und Philosoph *Thomas Fuchs* hat auch den menschlichen Leib als das Insgesamt eines verkörperten *Wissens und Könnens* aufgefasst und entsprechend beschrieben. Es ist also nicht ein Wissen, das wir über den Leib haben, sondern ein Wissen und Können des Leibes selbst. Die Phänomenologie hat darum auch die Bedeutung des «Leibgedächtnisses» entdeckt und zu zeigen vermocht, dass es viel weiter in die Kindheit zurückreicht als unser explizites Erinnerungsvermögen. Das dem Leib implizite Wissen ist «selbstvergessen» und darum auch *aus sich selber aktiv*. Diesem Wissen verdankt sich ein grosser Teil der *Selbsttätigkeit des Leibes*, die durch unsere Aufmerksamkeit darauf nur gehemmt oder gar ernsthaft gestört wird.

Anders als Blankenburg legt Fuchs selber den Akzent auf die Bedeutung, die das *Vertrauen in das implizite Wissen und Können des eigenen Leibes* hat. Nur wenn dem leiblichen Wissen dieses Vertrauen entgegengebracht wird, kann der Leib auch in zwischenmenschlichen Interaktionen spontan reagieren, sodass ein «unbefangener» Lebensvollzug möglich wird. Von diesem Vertrauen in das implizite Wissen und Können des Leibes hängt für Fuchs ab, ob der Leib ‹normal› funktionieren kann oder ob schwere leibliche Störungen auftreten. Zu den häufigsten Störungen, die durch einen Mangel *an Vertrauen* in das Wissen und Können des Leibes evoziert werden, zählt Fuchs die Schlafstörungen, die sexuellen Störungen, die Dysmorphophobie, die Hypochondrie und die Schizophrenie.[73] So entstehen Schlafstörungen dann, wenn «das Vertrauen in die leibliche Selbsttätigkeit des Schlafes verloren» gegangen ist. Wer dieses Vertrauen verloren hat, kann nicht mehr in den Schlaf «fallen», sondern versucht ihn verzweifelt herbeizuzwingen, um ihn gerade dadurch zu vertreiben. Wer generell das Vertrauen in die Selbsttätigkeit des Leibes verloren hat, ersetzt das Vertrauen in der Regel durch Denken. Fuchs spricht von *Hyperreflexivität* als jenem «Zu-viel denken», das einerseits ein mangelndes Vertrauen in den Leib kompensieren soll, andererseits aber auch zu einer Störung des bisher unreflektierten Vertrauens in den Selbstvollzug des Leibes führt.

Die *Hypochondrie* gilt für Fuchs als das «*Paradigma pathologischer Reflexion auf den Leib*». Das Krankhafte dieser Reflexion liegt darin, dass es das fehlende Vertrauen «*in die natürlichen eigenen Prozesse*» kompensieren soll. Eine gewisse Idealisierung des «Natürlichen» ist hier unverkennbar, und damit einhergehend auch eine gewisse Entwertung des reflexiven Denkens. Für Fuchs ist es ein Zeichen seelischer Gesundheit, sich im Leib «zuhause» zu fühlen. Schon das weist darauf hin, dass auch zur seelischen Gesundheit ein gutes Stück Selbsttäuschung gehört. Denn das fraglose Vertrauen in die natürlichen Prozesse des Leibes basiert ja auf der Ausblendung der unleugbaren Tatsache, dass zu den sogenannten natürlichen Prozessen, die von selbst ablaufen, auch Prozesse gehören, die den Körper zerstören. Der Hypochonder ist nur besonders hellhörig für diese Gefahr, die uns immer vom Leibe her droht, solange wir leben, die wir aber normalerweise ausblenden können.

«Epistemisches Vertrauen» als Gegenstand psychoanalytischer Säuglingsforschung

60 Jahre nach Erikson wendet sich die Psychoanalyse erneut dem Vertrauen zu – genauer dem «epistemischen Vertrauen» (*epistemic trust*), welches sich dem Bereich des «hermeneutischen Vertrauens» zuordnen lässt. Die darauf fokussierende Säuglingsbeobachtung basiert auf dem Konzept des Bindungstheoretikers und Psychoanalytikers *Peter Fonagy*, der vor allem durch seine Theorie des «Mentalisierens» international bekannt geworden ist. Ich möchte diesen neuen Sukkurs, den das hermeneutische Vertrauen erhält, kurz vorstellen, weil er mit dem Anspruch auf Wissenschaftlichkeit erhoben wird, was in unserer wissenschaftsgläubigen Zeit auch das Vertrauen ins hermeneutische Vertrauen öffentlich sanktioniert, was wiederum die einzelnen Menschen darin bestärkt, aufs eigene Verstehen zu vertrauen, statt daran zu zweifeln.[74]

Fonagys neues Konzept des «epistemischen Vertrauens» baut auf dem älteren Konzept des Mentalisierens auf. Dieser Begriff ersetzt und versimpelt zugleich, was früher als «Introspektion» und «Empathie» bezeichnet wurde, und steht heute für die Fähigkeit, «mentale Zustände» bei sich selbst und auch bei anderen zu erkennen. Ausgangspunkt war die Beobachtung, dass bei Personen mit «Persönlichkeitsstörungen» ebendiese Fähigkeit weitgehend fehlt. Fonagy selber bezeichnet die Theorie des Mentalisierens als einen «*Spross der Bindungstheorie*» (vgl. Fonagy/Campbell S. 289). Diese unterscheidet verschiedene Bindungstypen von Menschen, wobei der wichtigste Unterschied zwischen «sicher» und «unsicher» gebundenen Menschen besteht. Der Beitrag von Fonagy liegt im empirischen Nachweis, dass «sicher gebundene» Kinder das Mentalisieren besser erlernen als «unsicher gebundene», weil sie bessere äussere Bedingungen hatten.

In den letzten Jahren hat Fonagy seine Forschung unter einer anderen Fragestellung fortgeführt. Es geht jetzt um die *innerseelischen Bedingungen*, *die beim Kind selber* die Entwicklung des Mentalisierens fördern oder behindern. Fonagy geht also neu davon aus, dass gute äussere Bedingungen nicht genügen, sondern dass im Kind selber eine Bereitschaft da sein muss, in die «epistemische Kompetenz» seiner Bezugsperson zu vertrauen. «Ein sicher gebundenes Kind erlebt die primäre Bezugsperson auch als *verlässliche, aufrichtige Informationsquelle*, die über ein kompetentes Verständnis der sozialen Umwelt verfügt» (ebd., S. 292). Das epistemische Vertrauen in die Kompetenz seiner Bezugsperson ist aber erst ein Zwischenschritt. Das Kind muss zusätzlich darauf vertrauen können, dass das Wissen seiner Bezugsperson *für es selber wissenswert* ist (vgl. ebd., S. 293). Erst wenn das Kind auch darauf vertraut, ist es bereit, das Wissen der Bezugsperson auch zu seinem eigenen Wissen zu machen. Ist es in der Lage, diesen Schritt zu machen, vermag das Kind ein Vertrauen *in seine eigene epistemische Kompetenz* – abgekürzt als «epistemisches Vertrauen» bezeichnet, zu gewinnen. Epistemisches Vertrauen hat also, wer in die *eigene Fähigkeit vertraut, angemessen zu verstehen, was ausser ihm und dann auch in ihm selber vorgeht.*

Fonagy hat gut psychoanalytisch den Fokus ganz auf das Verstehen als psychische Fähigkeit des Einzelnen gelegt und herauszufinden versucht, wie diese Fähigkeit erworben wird. Für uns ist seine Entdeckung relevant, dass auch der Erwerb dieser Fähigkeit *nur dank dem Vertrauen ins Verstehen selber möglich* wird, das dann auch zum Vertrauen des Einzelnen in seine *eigene* Verstehenskompetenz und damit zu einem wichtigen Moment des *Selbst*vertrauens führt.

Hermeneutisches Vertrauen als überschiessendes Vertrauen in die Potenz des Verstehens

Die bisherigen Überlegungen zum hermeneutischen Vertrauen kreisen um die Unverzichtbarkeit des Vertrauens ins Verstehen: dass Verstehen und Verständigung ihre Bedeutung als Schutzmacht gegen die Angst nur gewinnen dank dem in sie gesetzten Vertrauen. Daraus gewinnen wir die Erkenntnis, dass sich die überfordernde Macht der Angst immer nur durch *eine andere Emotion* bannen lässt, die als Gegenmacht aufzutreten vermag: hier im Speziellen das Vertrauen ins Verstehen. Darum ist es wichtig, uns abschliessend darüber klar zu werden, was für ein Verständnis wir eigentlich von jenem Verstehen haben, in das wir vertrauen, welche *Potenzen* wir ihm zuschreiben. Rein formal ist die Antwort bereits klar: Wir müssen dem Verstehen mehr Potenzen zuschreiben, als es in Wirklichkeit hat. Wir müssen jene «Nichtigkeit», die ihm als menschlichem und darum endlichem Erschliessungsvermögen eigen ist, unter den Teppich kehren und auf ein Verstehen setzen, für welches drei Merkmale wesentlich sind: prinzipielle Wahrheitsfähigkeit; Monopol der Wahrheitsfähigkeit; unbegrenzte Reichweite.

Das Vertrauen in die prinzipielle Wahrheitsfähigkeit des Verstehens

Niemand kann daran zweifeln, dass das Verstehen des Einzelnen immer begrenzt und auch immer möglichem Irrtum ausgesetzt ist. Zum Verstehen gehören Unverständnis und Missverständnis. Doch das muss das Vertrauen ins Verstehen nicht schmälern, solange wir darauf vertrauen können, dass das Verstehen *prinzipiell* wahrheitsfähig ist. Nun heisst etwas als wahr erkennen es so erkennen, *wie es von ihm selbst her ist*. Vertrauen ins Verstehen heisst darauf vertrauen, dass wir verstehend höchstens im einzelnen Fall einem Trug aufsitzen, im Prinzip aber Zugang zur ‹objektiven› Realität gewinnen. Nur wenn wir darauf vertrauen, können wir auch in die Verständigung mit anderen Menschen vertrauen. Wir können darauf vertrauen, dass dann, wenn auch der Andere an der Wahrheit interessiert ist, wir uns einigen, also einen Konsens finden können.

Wenn wir dem Verstehen Wahrheitsfähigkeit unterstellen, machen wir aber auch eine ontologische Aussage über die Wirklichkeit selber. Denn wenn wir darauf vertrauen, dass wir etwas so verstehen können, wie es in Wahrheit ist, dann können wir darauf vertrauen, dass dieses Etwas von sich her so beschaffen ist, dass es sich verstehen lässt. Nur wenn wir darauf vertrauen können, dass uns das Verstehen real Seiendes so zu erschliessen vermag, wie es real ist, finden wir im Verstandenen selber Halt.

Das Vertrauen ins Verstehen als einzig wahrheitsfähigem Zugang zur Welt

Doch das eben erwähnte Vertrauen muss dem Verstehen mehr zutrauen als nur, prinzipiell wahrheitsfähig zu sein. Das unabdingbare Mehr, das hinzukommen muss, besteht im Vertrauen, dass *nur* das Verstehen überhaupt wahrheitsfähig ist. Wenn das zutrifft, dann können wir darauf vertrauen, dass das Verstehen den einzig wahrheitsfähigen Zugang zur Realität eröffnet. Nun trägt das vorliegende Buch den Titel «Emotionale Wahrheit». Genau diese wird damit negiert. Alle Emotionen erhalten jetzt einen Platz innerhalb des Verstehens zugewiesen, werden abhängig vom jeweiligen Verstehen, wie wir das in Teil I für Angst, Schuld und Scham gezeigt haben, die nun immer schon als konkrete Furcht, moralische Schuld und konventionelle Scham wegen etwas ausgelegt sind. Dass die Wahrheitsfähigkeit des Verstehens nicht nur selber begrenzt ist, sondern dass bestimmte Grundemotionen eine Wahrheit zu erschliessen vermögen, von welcher das Verstehen aufgrund seines immanenten Sinnbezugs gar keine Ahnung haben kann, wird nun undenkbar, weshalb das Vertrauen ins Verstehen durch nichts mehr zu erschüttern ist.

Das Vertrauen in die universale Reichweite des Verstehens als Vertrauen in die durchgängige Sinnhaftigkeit der Welt

Diese letzte Potenz des Verstehens lässt sich schon aus der zweiten folgern. Wenn das Verstehen konkurrenzlos ist, dann ist seine Reichweite umfassend in dem Sinne, dass die Grenzen des Verstehens mit den Grenzen der Welt im Ganzen zusammenfallen. Damit erübrigt sich jede Frage danach, was jenseits dieser Grenze noch sein könnte, als unsinnig. Dennoch ist es wichtig, hervorzuheben, dass das Vertrauen ins Verstehen immer ein Vertrauen in dessen universale Reichweite ist, weil sich darin auch ein ontologisches Vertrauen verbirgt – das Vertrauen nämlich, dass alles, was ist, prinzipiell sinn*haft* ist, weshalb zwischen *Sein und hermeneutischem Sinn* gar nicht zu trennen ist. Damit ist auch kein Platz mehr für emotionale Erfahrungen, die das eigene Sein in seinem «nackten Dass» betreffen.

Wer also in die universale Reichweite des Verstehens vertraut, kann einen Einbruch der sinn-baren Angst also vertrauensvoll entweder als eine ganz unsinnige Erfahrung verstehen, die wieder verschwinden wird, wie sie gekommen ist, oder aber als *ein blosses Vorstadium einer Furcht* deuten, deren konkretes Objekt noch verborgen ist.

Weil das hermeneutische Vertrauen sich über die Begrenztheit des Verstehens hinwegtäuscht, schenkt es jedem, der an diesem Vertrauen teilhat, die Zuversicht, gar nicht aus der sinnhaft strukturierten Welt herausfallen zu können und also in einer sinnhaften Welt *zuhause* zu sein und zu bleiben, auch dann, wenn man ab und zu an der Sinnhaftigkeit der Welt irrewird. Von der Vortäuschung einer universalen Reichweite des Verstehens hängt also für das Grundgefühl des Einzelnen, der am hermeneutischen Vertrauen teilhat, viel ab, schützt es ihn doch vor dem Zweifel, ob das Verstehen nicht auch dort *Sinnhaftigkeit vorgaukeln* könnte, wo es in Wahrheit gar nichts mehr zu verstehen gibt.

c) Sinnvertrauen

Einleitung

Erstaunlicherweise wird nur selten zwischen einem hermeneutischen Sinnbegriff und einem lebenspraktisch-normativen Sinnbegriff unterschieden, obwohl das Wort «Sinn» beide Male etwas anderes meint. Der hermeneutische Sinnbegriff bezieht sich auf alles, was sich verstehen lässt, denn etwas verstehen heisst immer, den Sinn oder die Bedeutung von etwas erfassen. Darum ist für das hermeneutische Vertrauen der Glaube entscheidend, dass alles, was «ist», im Prinzip sinn*haft* und aufgrund seiner Sinnhaftigkeit auch dem Verstehen zugänglich ist.

Dieses Unterkapitel widmet sich nun dem davon zu unterscheidenden *normativen* Sinnbegriff. Um diesen Sinn geht es uns, wenn wir fragen, ob unsere Arbeit oder gar unser ganzes Leben einen Sinn hat. Wir fragen jetzt nicht nur, wie unsere Arbeit oder unser Leben zu verstehen ist, sondern ob wir sie als wertvoll erfahren und es deshalb für uns «Sinn macht», diese Arbeit weiterzuführen oder das Leben im Ganzen auf diese Weise weiterzuleben. Jetzt hat «Sinn» immer entweder ein positives oder ein negatives Vorzeichen, welches erst das dem Substantiv zugehörige Adjektiv deutlich zum Ausdruck bringt: wir empfinden eine Arbeit entweder als sinn*voll* oder aber sinn*los*. Die eigene Arbeit oder die persönlichen Beziehungen als sinnvoll erfahren zu können, ist gerade für Personen, die keiner Religion mehr anhängen, besonders wichtig. Bereits die Stimmung, mit der man am Morgen erwacht, verrät, ob man aus einem fraglosen und also vorbewussten *Sinnvertrauen* heraus lebt oder ob ein solches Sinnvertrauen fehlt.

Das hermeneutische Vertrauen ins Sinnverstehen kann das Vertrauen in einen *guten, lebenspraktischen* Sinn nicht ersetzen: es braucht beides, um sich «seinsberuhigt» auf das Leben und die Aufgaben eines normalen Alltags einlassen zu können und zu wollen. Wir widmen uns im Folgenden zwei Auffassungen von normativ-lebenspraktischem Sinn, die sich stark voneinander unterscheiden: die eine wurde von *Viktor Frankl*, dem Begründer der Logotherapie, vertreten, die andere von *Paul Tillich* in seinem Buch *Mut zum Sein* und von Otto F. Bollnow in seinem Buch *Neue Geborgenheit*.[75]

Sinnvertrauen als Vertrauen in die Möglichkeit individueller Sinnfindung

Viktor Frankl hat den Menschen als jenes Wesen definiert, das auf Sinnsuche und Sinnfindung hin angelegt sei.[76] Seine vielen

Schriften dazu verdanken ihre grosse Wirkung vor allem auch seiner persönlichen Glaubwürdigkeit als ehemaliger jüdischer KZ-Häftling in Auschwitz.[77] Dort hat er aufgrund seiner eigenen Erfahrung die tiefe Überzeugung gewonnen, dass sich in jeder Situation, so aussichtslos sie auch erscheinen mag, noch ein Sinn finden lässt.

Frankl diagnostiziert bereits wenige Jahre nach dem Zweiten Weltkrieg eine «Pathologie des Zeitgeistes», die in einem «existenziellen Vakuum» bestehe (Frankl, S. 141, Anm.). Kurz darauf verbindet er diese Zeitdiagnose mit der Beschreibung einer neuen Neuroseform, die er «Sinnlosigkeitsneurose» nennt. Bemerkenswerterweise sieht er im überhandnehmenden Sinn-Vakuum nicht eine Folge der noch ganz unverarbeiteten humanitären und kulturellen Katastrophen des eben erst beendeten Weltkrieges, sondern eine Folge der Entstehung einer neuen Wohlstandsgesellschaft.

Aus dieser kritischen Sicht auf die Entwicklung der Nachkriegsjahre ergibt sich Frankls Sinntheorie und Sinntherapie. Was dem Leben des einzelnen Menschen Sinn gibt, ist entweder eine «Aufgabe», für die er bereit ist, sich zu engagieren, oder eine «Beziehung» im Sinne einer tiefen Liebe zu einem oder mehreren anderen Menschen, deren Wohlergehen ihm zum zentralen Anliegen wird. «Sinn» findet der Mensch nach Frankl also nicht in der eigenen Selbstverwirklichung, sondern im Engagement für eine Sache oder für andere Menschen. Darum spricht Frankl auch nicht von «Sinn*bedürfnis*», sondern vom «Willen zum Sinn». Der «Sinn» des Lebens ist für ihn etwas «Objektives», das die eigene Person «transzendiert». Mit diesem Sinnbegriff geht Frankl schon damals nicht mit dem Zeitgeist.

Für Frankls Sinnbegriff ist entscheidend, dass er ganz aufs einzelne Individuum bezogen ist, insofern nur jeder Einzelne für sich seinen Sinn finden kann und dieser Sinn darum nur je für ihn gilt und auch von ihm immer wieder neu gesucht werden muss. Ebenso entscheidend ist, dass das Individuum aus sich herausgehen muss, um für sich einen Sinn zu finden. Der Sinn wartet immer nur draussen auf ihn, und zwar nicht irgendwo in der Ferne, sondern in der jeweiligen aktuellen Situation. Frankl benutzt sogar die Wendung von der «Forderung der Stunde» (ebd., S. 157), die man als Individuum zu erkennen und zu ergreifen habe. «Jeder Tag, jede Stunde wartet mit einem neuen Sinn auf». Niemals sind es also für Frankl die schlechten Umstände, die einen Menschen daran hindern, einen Sinn für sein Leben zu finden. Es ist auch nicht möglich, dass jemand eigenmächtig zu wissen beansprucht, worin für ihn der Sinn seines Lebens liegen wird, etwa für die Frau, eigene Kinder zu gebären und aufzuziehen, um dann, wenn sich der Kinderwunsch als unerfüllbar erweist, sich dem Leben depressiv zu verweigern. Jeder hat für den Sinn, der bereitliegt, um ergriffen zu werden, *offen zu sein*. Frankl weist also auch die beliebte Vorstellung ab, der individuelle Sinn liege in der Tiefe der eigenen Seele verborgen und man müsse darum in sich gehen, um ihn zu finden.

Frankl verspricht zwar, dass jedes Individuum im emphatischen Sinne einen Sinn für sich finden kann, verspricht damit aber kein Ganzwerden und auch kein Heil. Dazu passt, dass für ihn jeder individuelle Sinnfindungsprozess von möglicher Täuschung bedroht ist: «Bis zum letzten Augenblick, bis zum letzten Atemzug weiss der Mensch nicht, ob er wirklich den Sinn seines Lebens erfüllt hat oder nicht vielmehr nur geglaubt hat, ihn zu erfüllen: ignoramus et ignorabimus» (ebd., S. 156).

Treten wir jetzt einen Schritt zurück und fragen, was für ein Menschenbild Frankls Sinnversprechen zugrunde liegt. Es ist zweifellos ein positives Menschenbild, insofern er den Menschen als jenes Wesen bestimmt, das auf Sinn hin angelegt ist und auch immer und überall Sinn finden kann. Dennoch fehlt diesem Sinnversprechen jene «Aura», welche Frevert dem Wort «Vertrauen» in der Moderne attestiert hat. Das hat damit zu tun, dass er nichts verspricht, was für den Menschen aufgrund seiner Endlichkeit nur als Selbsttäuschung zu haben wäre. Es hat auch damit zu tun, dass Frankls Sinnverständnis vom Menschen Verantwortungsbewusstsein verlangt. Frankl verspricht dem Individuum nicht nur, Sinn finden zu können, sondern er erwartet auch, dass sich das Individuum dieser Aufgabe, Sinn zu finden, widmet. Das deutet er dort an, wo er davon spricht, es gehe darum, den Sinn des eigenen Lebens zu «erfüllen».

Seit den 1960er Jahren strahlt mehr und mehr das Wort «Selbstverwirklichung» jene Aura aus und wird entsprechend zum Ideal vor allem der Jugend. Der Wahlspruch lautet nun: Verwirkliche dich selbst! Auch das ist ein Sinnangebot, das dem vereinzelten Menschen nun seine Vereinzelung schmackhaft zu machen vermag. Denn wenn der Sinn des Lebens darin liegt, sich selbst zu verwirklichen, dann darf man sich selbst an die erste Stelle setzen, darf sich um sich selbst, seine eigenen Möglichkeiten und die Erfüllung seiner eigenen Wünsche kümmern, ohne sich dafür schuldig fühlen zu müssen. Zugleich liegt darin auch das Versprechen, Halt und Sicherheit und damit auch einen Schutz vor Angstgefühlen in sich selbst zu finden, wenn man nur sich selbst verwirklicht hat.

Man kann Frankls Sinnappell als den Gegenentwurf zur Selbstverwirklichungsidee in derselben Zeit des herrschenden Individualismus verstehen. Frankl mutet dem Einzelnen allerdings viel mehr Unsicherheit zu, weil es ihm zufolge kein Kriterium gibt dafür, ob man trotz allem Sinnstreben nicht den eigentlichen Sinn schlussendlich doch verfehlt. Darin scheint ganz im Gegensatz zu schützenden Versprechen die Zumutung zu liegen, das Vertrauen für das zu nehmen, was es in Wahrheit ist: ein immer unzulänglicher Ersatz für eine menschenunmögliche Gewissheit. Frankl verlangt darum von den an Sinnlosigkeit leidenden Patienten auch eine gewisse Einübung ins Ertragen von Unsicherheit und damit auch von persönlicher Wahrhaftigkeit.

Das grosse Versprechen eines tragenden Sinns im Sein selbst

Dieses grosse Versprechen finden wir sowohl bei Tillich wie bei Bollnow. Beide richten dieses Versprechen an den Menschen, der die fundamentalen Erschütterungen durch den Zweiten Weltkrieg noch in den Knochen hat und geistig dem «Nihilismus» der Existenzphilosophie ausgesetzt ist. Ihr Sinnversprechen ist quasireligiöser Natur und erinnert stark an das vormodern-christliche Sinnversprechen. Allerdings betonen beide, dass der Bruch zu gross sei, als dass man das vormodern-naive Sinnvertrauen einfach wieder neu beleben könnte. Beide verzichten darum auch weitgehend auf religiöse Begriffe. Die Stelle Gottes hat jetzt ein anonymes «Sein-Selbst» (Tillich, S. 122) inne, und das Sein wird auch nicht in einem Jenseits verortet, sondern in der «Tiefe» – allerdings nicht in der Tiefe der eigenen Seele wie bei C. G. Jung, sondern in der Tiefe des «Seins».

Beide Autoren lösen das Versprechen so ein, dass sie eine neue – positive statt negative – Ontologie entwerfen. Allerdings ist weder das Wort Ontologie bei Tillich noch das Wort Metaphysik bei Bollnow auf das Sein des Menschen bezogen, sondern auf jenes Sein-Selbst als innersten Kern der objektiven Realität der Welt. Dieses «Sein» ist das wahrhaft Erste, an dem das Sein des Menschen «partizipiert» (Tillich) respektive in dem es gründet und also «geborgen» ist (Bollnow).

Aus dieser positiven Ontologie folgt auch eine neue, positive statt negative Anthropologie. Der Mensch mag an der Oberfläche noch so von Ängsten geplagt sein und sich auch noch so unmoralisch verhalten – er ist im Grunde seines Seins «heil», weil er selber am heilen Sein partizipiert. Tillich definiert den Menschen als «vom Sein bejaht» (Tillich, S. 108). Der Akzent liegt hier nicht auf dem, was der Mensch selber zu leisten hat, um Sinn zu finden, sondern darauf, was ihm vorausliegt und ihm gegeben wird. Der Mensch wird hier als der Empfangende bestimmt. Gewiss braucht es nach Tillich Mut, sich heute für das Sein zu öffnen und ins Sein zu vertrauen. Doch man staunt, dass sogar der Mut dem Menschen durch das Sein zuteilwird, hätte doch der Mensch aus sich selbst nicht die Kraft, diesen Mut aufzubringen. Deshalb liegt auch die «Quelle» des (vermeintlich) menschlichen Mutes zum Sein in der «Macht des Seins» selbst (Tillich, S. 109).

Sowohl Tillich wie Bollnow würdigen die Bedeutung der Existenzphilosophie. Beide beteuern, es gehe nicht darum, ihre Wahrheit zu bekämpfen, sondern über sie hinauszukommen (Bollnow, S. 7) und dadurch dem heimatlos gewordenen heutigen Menschen das Vertrauen in eine neue «Behausung» und damit eine «neue Geborgenheit» in einem «tragenden Sein» zurückzugeben. Während Tillich auf den Mut setzt, setzt Bollnow vor allem auf die *emotionalen Erfahrungen von Getrost-Sein, von Geborgen-Sein, von Heil-Sein und von Hoffnung*. Auch hier ist entscheidend, dass diese Erfahrungen dem Menschen «geschenkt» werden. Als vom Sein geschenkte sind sie also keine bloss subjektiven Zustände, sondern «Seinserfahrungen», die dem Menschen die grundlegende Seinswahrheit enthüllen (Bollnow S. 107). Vorrang hat dabei die «absolute» oder «metaphysische» Hoffnung, welche der existenzphilosophischen Angst überlegen ist. Diese Hoffnung ist bildlos, denn sie ist identisch mit dem Vertrauen, dass ich auch dann, wenn ich mit meinem Leben völlig gescheitert bin, nicht «ins Bodenlose abstürze», sondern in einem tragenden Sein aufgehoben und geborgen bin (Bollnow, S. 83), oder mit anderen Worten: dass «trotz allen Unheils und aller Gefahren schliesslich doch noch alles gut werden wird» (Bollnow, S. 187).

Verkündigung einer Heilsbotschaft statt rationaler Argumente

Ganz anders als Frankl künden sowohl Tillich wie Bollnow von einer anderen Realität, dem «Sein-Selbst» respektive dem «tragenden Seinsgrund». Beide wollen ihre Botschaft so verkünden, dass sie auch die heutigen postreligiösen Menschen anspricht. Ich rede hier von Verkündigung, weil beide aus einer eigenen emotionalen Ergriffenheit heraus reden, die zugleich die Überzeugung beinhaltet, dem Menschen von heute durch ihre Botschaft wieder ein grundlegendes Vertrauen ins Sein und damit auch in den Sinn ihres eigenen Lebens zurückgeben zu können. Diese Heilsbotschaft ist bewusst «bildlos» gehalten und erzählt auch keine Geschichten, weil sie von jener Wahrheit reden will, die durch keine noch so grosse Angst oder Verzweiflung tangiert wird. Es geht einzig und allein ums Vertrauen in den objektiven Sachverhalt, *dass es das Sein gibt*. An die Stelle von Argumenten tritt insbesondere bei Bollnow die «Beteuerung»: So beteuert er etwa, *dass* die absolute Hoffnung «keine Illusion» sei, sondern «echte Lebenserfahrung», und *dass* sie auch nichts mit billigem Optimismus zu tun habe, weil sie «das Auge nicht vor den Schrecknissen des Lebens» verschliesse, sondern sie «im positiven Sinn überwinden» wolle (Bollnow, S. 189).

Dass hier zum Schluss eine ähnliche Formulierung auftaucht wie jene, die wir in Teil I verwendet haben bezüglich der Fähigkeit von Angst, Schuld und Scham, das «nackte Dass», die Faktizität der *conditio humana* zu erschliessen, ist erstaunlich wenn nicht befremdlich. Um den Menschen aber emotional anzusprechen und sein gläubiges Vertrauen zu wecken und zu bestärken, scheint es nach Auffassung von Tillich und Bollnow zu genügen, immer wieder zu beteuern, *dass es das Sein gibt*, in welchem *Du als Mensch geboren und aufgehoben bist*. Jede den Sinn dieses Seinsgrundes ausmalende Deutung würde nur zu Diskussionen führen, welche dem bedingungslosen Vertrauen, *dass* es einen absoluten Sinn gibt, der als Bollwerk gegen die Angst fungieren soll, schaden könnte.

3. Sympathie für seelisch Leidende als philosophisch hellhörige Menschen

a) Sympathie und Angst bei Kierkegaard

Ich habe bereits in der Einleitung zu Teil III darauf hingewiesen, dass das dritte und letzte hier vorzustellende Gefühl der «Sympathie» sich nicht mehr ins bisherige Thema emotionalen Schutzes vor unfreiwilligen Einbrüchen der Angst in den Alltag einfügt. Das macht schon der Titel deutlich. Als hellhörig haben wir in diesem Buch jene Menschen bezeichnet, die *zu offen* sind für eine philosophische Wahrheit, die uns Menschen unmittelbar angeht und uns zugleich überfordert. Diese Menschen geraten in eine heikle Situation, die ihnen ihre eigene Hellhörigkeit bereitet. Sie sind Erfahrungen ausgesetzt, die *per se* verstehend nicht zu fassen sind. Und es kommt hinzu, dass die meisten Menschen in ihrer Umgebung diese Erfahrungen nicht machen, weil sie dank ihrem Vertrauen in den Common Sense davor weitgehend geschützt sind. Hellhörige sind darum mit ihren Erfahrungen allein. Sie sind diesen Erfahrungen schutzlos ausgesetzt. Das bringt sie in die tragische Situation, dass sie zwar aufgrund ihrer Hellhörigkeit einer grundlegenden Wahrheit nahe sind, die ihnen aber, da namenlos, kaum als Wahrheit aufscheinen kann, sondern nur als eine enorme Bedrohung. Ihr notwendig immer neu scheiternder Versuch, damit zurechtzukommen, ist, wie wir im Kapitel über die Verzweiflung dargelegt haben, zumeist die Flucht ins «Agieren» (Kap. II.3c) und damit ins seelische Leiden.

Gemäss dem heute herrschenden medizinischen Diskurs in der Psychiatrie werden hellhörige Menschen als «krank» diagnostiziert. Wer krank ist, dem fehlt *per definitionem* die Gesundheit. In psychiatrischer Perspektive lassen sich sogenannte seelische Störungen nur als negative Abweichungen vom entsprechend gesunden, weil ontisch üblichen Erleben und Verhalten beurteilen: Der Kranke kann nicht (mehr), was der Gesunde kann. Diese psychiatrische Sicht steht selber im Dienst der Wiederherstellung psychischer Normalität, entwirft aber ein völlig einseitiges Bild seelischen Leidens. Was dieses Bild, das ja auch in der Öffentlichkeit gilt, mit den Patienten macht, die sich immer mehr mit der medizinisch-psychiatrischen Sicht identifizieren, ist eine andere Frage. Klar ist jedenfalls, dass jene Psychotherapien, die auf Psychoedukation, Erwerb von Skills, Ressourcenförderung und Resilienztraining setzen, dieses Bild beim Patienten noch untermauern.

Wenn ich meinen Patienten mit meinem eigenen Vorverständnis seelischen Leidens begegne, dann sehe ich in ihnen in erster Linie philosophisch hellhörige Menschen, die sich aufgrund ihrer Hellhörigkeit in ein illusionäres und zugleich destruktives Agieren verrannt haben. Das Gefühl der Sympathie, das diese Patienten in mir wecken, fällt genauso aus dem Rahmen der üblichen therapeutischen Gefühle heraus, wie die Patienten als Hellhörige aus dem Rahmen des seelisch gesunden Durchschnitts herausfallen. Man darf sich also nicht vorstellen, dass ich es bin, die meinen Patienten deshalb Sympathie entgegenbringt, weil ich ihnen eine philosophische Hellhörigkeit unterstelle, sondern diese Sympathie entsteht *von selbst*, wenn ich ihnen auf eine Art zuhöre, die ich schon früher als «Zuhören mit einem philosophischen Ohr» bezeichnet habe. Sie entsteht dann anstelle der ontischen Empathie, weshalb ich weiter unten die Sympathie als die ontologische Schwester der Empathie bezeichne. Um hier fortzufahren, müssen wir uns zuerst der Frage zuwenden, wie sich denn Sympathie und Angst grundsätzlich zueinander verhalten, worüber wir Auskunft bei Kierkegaard und indirekt auch bei Heidegger finden.

Angst als «eine sympathetische Antipathie und eine antipathetische Sympathie»

Mit dieser erstaunlichen Aussage will Kierkegaard (BA, S. 51) darauf aufmerksam machen, dass unser Verhältnis zur Angst grundsätzlich *ambivalent* ist, wir also vor ihr nicht nur fliehen wollen, sondern auch auf sie zugehen wollen, weil sie uns nicht nur als eine feindliche Macht abstösst, sondern auch als eine freundliche Macht anzieht. Rein theoretisch fällt es nicht schwer, zu vermuten, warum uns die Angst auch anziehen könnte, ist sie doch von Kierkegaard als jenes Gefühl erkannt worden, das uns die Wahrheit über unser Menschsein enthüllt. Leider bringt Kierkegaard nur Beispiele, die für die ontische Furcht zutreffen können, aber nicht für die ontologische Angst. So erwähnt er sprachliche Redewendungen wie «die süsse Angst» oder «eine seltsame Angst, eine verschämte Angst usw.» und weist auf das Kind hin, das «nicht darauf [d. h. auf die Angst] verzichten will; auch wenn sie ängstigt, fesselt sie es doch in süsser Beängstigung» (ebd.). Für dieses stark lustbetonte Gefühl der Furcht haben die Engländer das Wort «thrill» zur Verfügung, das im Deutschen mit «Angstlust» übersetzt wird. Diese Angstlust, die auch viele Erwachsene geradezu suchtartig suchen, stellt sich dann ein, wenn man sich phantasierten oder realen Gefahren, etwa im Extremsport, bewusst aussetzt und dann heil davonkommt. Wer aber könnte denn von der Angst angezogen sein, obwohl sie sich keinesfalls «süss» anfühlt, sondern fremd und unbarmherzig?

Mir fallen nur jene Menschen ein, die mit einer philosophischen Hellhörigkeit ausgestattet sind. Nur bei ihnen kann man vermuten, dass sie um der in der Angst offenbarten Wahrheit willen nicht vor ihr fliehen wollen, dann aber doch die Antipathie gegenüber der kaum erträglichen Angst obsiegt und sie zum Agieren verführt.

b) Die Selbigkeit von Wovor und Worum der Angst bei Heidegger

Heidegger nimmt Kierkegaards Hinweis auf die der Angst immanente Ambivalenz stillschweigend auf und gibt dafür eine eigene Erklärung, die aus dem Vergleich mit der Furcht resultiert. Jede Furcht hat ein «Wovor» und ein «Worum» (SZ, S. 140). Wir fürchten uns *vor* einer Gefahr und fürchten entsprechend *um* das, was durch diese Gefahr bedroht ist, oft um uns selber, um unser Leben oder auch Wohlleben. Dasselbe behauptet nun Heidegger auch von der Angst als philosophischer Erfahrung; auch sie sei «nicht nur Angst *vor* ..., sondern als Befindlichkeit zugleich Angst *um* ...» (SZ, S. 187), um dann zu zeigen, dass die formal identische Struktur von Furcht und Angst je etwas ganz anderes bedeutet. Für die Furcht lassen sich leicht Beispiele finden: Wer sich vor einer Erkrankung fürchtet, fürchtet *um* seine Gesundheit; wer sich *vor* dem Ausbruch eines Krieges fürchtet, fürchtet *um* den Frieden; wer sich *vor* der Klimaerwärmung fürchtet, fürchtet *um* die zukünftige Bewohnbarkeit unseres Planeten. Das gilt offensichtlich für alle Befürchtungen: Man fürchtet sich vor einer bestimmten Gefahr immer nur dann, wenn durch diese Gefahr etwas bedroht ist, das einem erhaltenswert erscheint, weshalb man es beschützen möchte.

Darum liegt in jeder Furcht ein *Wunsch* – eben der Wunsch, dasjenige, was bedroht ist, möge nicht untergehen, sondern weiterbestehen. Die Furcht ist also kein ambivalentes Gefühl, gilt doch die Antipathie der Gefahr, die Sympathie hingegen dem, was bedroht ist.

Das muss sich bei der Angst schon deswegen anders verhalten, weil die ontologische Angst im Unterschied zur ontischen Furcht mit ihren unzähligen Objekten immer nur ein und dasselbe Objekt hat, nämlich jene «Bedrohung», die «das Dasein selbst von ihm selbst her trifft» (SZ, S. 189). Daraus folgt zwangsläufig, dass das, wovor die Angst sich ängstigt, und das, *worum* sie sich ängstigt, *dasselbe* sein muss: «Das, worum die Angst sich ängstigt, enthüllt sich als das, wovor sie sich ängstigt: das In-der-Welt-sein» (SZ, S. 188). Damit glaubt Heidegger jenen vermeintlichen Widerspruch in der Struktur der Angst selber nachweisen zu können, den Kierkegaard mit dem Zugleich von Sympathie und Antipathie andeutet. Sitzt Heidegger damit aber nicht einem blossen Analogieschluss auf? Was sich bei der Furcht empirisch belegen lässt, bleibt bei der Angst eine blosse Hypothese. Dies deswegen, weil «Angst», anders als «Furcht», nur ein Behelfswort ist für eine emotionale Seinserfahrung, die sich gar nicht in Sprache einholen lässt. Dennoch ist Heideggers Überlegung wichtig für eine existenziale Anthropologie, die Raum lässt für eine existenzphilosophisch angeleitete Art von Psychoanalyse. Wenn der Angst auch der Wunsch innewohnt, sich um die Wahrheit zu kümmern, dann gehört ein ambivalentes Verhältnis zur Wahrheit zur *conditio humana*. Ob man so weit gehen kann, sogar von einer dem Menschen innewohnenden Wahrheits*liebe* zu sprechen, ist zwar eher unwahrscheinlich, aber es macht einen grossen philosophischen Unterschied, ob man im Menschen nur jenes Wesen sieht, dass zwar für die Seinswahrheit offen, aber immer schon vor ihr auf der Flucht ist, oder ob man in ihm jenes Wesen sieht, das nicht nur *unfreiwillig* für diese Wahrheit offen ist und deshalb auch an ihr leidet, sondern auch ein genuines, obzwar ambivalentes Interesse an der eigenen Seinswahrheit hat und darum im Prinzip frei ist, sich diese Wahrheit auch anzueignen.[78]

c) Warum dem hellhörigen Patienten die Wahrheit zumutbar ist

Dass es überhaupt in einer Psychotherapie um Wahrheit gehen soll, erscheint heute geradezu abstrus. Denn worauf soll sich die Wahrheit beziehen? Schon lange gilt die Devise: Weg von der Frage, was ihn krank gemacht hat, hin zur Frage: Wie wird er wieder gesund?; weg vom verstehenden Verweilen bei seiner Leidensgeschichte, hin zu Förderung und Stärkung seiner gesunden Anteile, seiner «Ressourcen», seiner «Resilienz». Diesem Ruf folgt die Psychotherapie heute weitgehend, indem sie sich als «Psychoedukation» definiert. Der Patient geht dann in eine Therapie wie in eine Schulung, wo ihm jene Tricks und Skills beigebracht werden, die er immer dann anwenden kann, wenn seine Symptome sich störend bemerkbar machen. Freud hingegen hat die Psychoanalyse als eine «Erziehung zur Wahrheit gegen sich selbst» bezeichnet, die «auf Wahrheitsliebe aufgebaut» sei und darum «jeden Lug und Trug ausschliesse».[79] Ganz im Gegensatz zur Psychoedukation will die Psychoanalyse den Patienten im gemeinsamen Verstehensprozess dahin führen, sich für die in den Symptomen verborgene Wahrheit über die Anfangsjahre seines Lebens zu interessieren. – Gilt das auch, wenn es sich dabei um eine ontologische Wahrheit handelt, die *per se* mit der normalen Alltäglichkeit schlecht vereinbar ist und nach gängiger Auffassung das Leben nur unnötig verunsichert und damit erschwert?

Ohne diese Frage zu bejahen, könnte ich mir nicht erlauben, meinen Patienten auch mit einem philosophischen Ohr zuzuhören. Ich vertraue dabei auf zwei Überlegungen. Die eine bezieht sich auf Kierkegaards und Heideggers anthropologische Überzeugung, dass dem Menschen auch eine «Sympathie» für die Wahrheit eigen ist, mag auch die Antipathie zumeist die Oberhand behalten. Die andere Überlegung geht dahin, dass diese Patienten aufgrund ihrer «Hellhörigkeit» ohnehin ein besonderes Verhältnis zur Seinswahrheit haben, die sie zu «Philosophen wider Willen macht». Ihre Hellhörigkeit steht zwar am Anfang ihres Leidens, ist aber als solche kein Mangel und also auch kein pathologisches Phänomen, das man wegtherapieren dürfte. Wäre da nicht zumeist die Überforderung, würde ich sogar von einer Begabung sprechen, welche diese Menschen dem normalen Durchschnitt voraushaben. Ich habe selber noch nie die Erfahrung gemacht, dass Patienten nicht wüssten, wie «man» normalerweise eine Erfahrung oder eine Begegnung einschätzt. Es fehlt ihnen also nicht an jenem lebenspraktischen Wissensbestand, den der Common Sense bereithält, sondern dieser verfängt bei ihnen nicht, sie können damit nichts anfangen. Daraus folgere ich, dass ihre Hellhörigkeit beides ist: ungewollte Begabung einerseits, ein erwachtes Interesse für das, was die Angst ihnen über sie selbst enthüllt, andererseits. Dass in einem zweiten Schritt dann an die Stelle des Wunsches nach Wahrheit der Wunsch nach ihrer Überwindung durch ein illusionäres «Agieren» tritt, weist für mich darauf hin, dass diese Menschen *auf sich allein gestellt* von der Wahrheit, der sie unfreiwillig ausgesetzt sind, *überfordert* sind. Das spricht aber nicht gegen den Versuch, sich jener Seinswahrheit, für die sie, solange sie daran leiden, ohnehin offen sind, *zu zweit* im therapeutischen Gespräch anzunähern und so eine andere Begegnung mit der Wahrheit zu ermöglichen und damit auch gegenüber der Angst toleranter zu werden.

Kierkegaards Unterscheidung von feiger und echter Sympathie

Ich habe bereits einleitend darauf hingewiesen, dass die «Sympathie» mit hellhörigen Menschen auch den Sinn eines «Mit-Leidens» hat. Dazu findet sich wiederum eine erstaunliche Stelle bei Kierkegaard, in welcher er zwischen «feiger» und «echter» Sympathie unterscheidet. Als feige betitelt Kierkegaard jene Sympathie, die «Gott dafür dankt, dass man nicht geworden ist wie jener» (BA, S. 64), um dann anzufügen: «Sympathie soll man empfinden, doch diese Sympathie ist erst dann echt, wenn man sich recht tief eingesteht, dass allen geschehen kann, was einem Menschen geschieht. Dann erst nützt man sich selbst und anderen». Sinnigerweise bringt Kierkegaard als Beispiel den «Irrenarzt», der «so dumm ist, dass er sich selbst für klug in alle Ewigkeit wähnt», sich also, weil selber Arzt, den Kranken weit überlegen fühlt und darum «gewiss nicht viele heilen wird» (ebd.). Werfen wir einen Blick auf das heutige Anforderungsprofil des Psychiaters, dann findet sich neben «Professionalität» und «wissenschaftlicher Kompetenz» auch die «Störungsspezifität» seines therapeutischen Angebotes gemäss «modernsten Erkenntnissen». Schon die Auflistung solcher Begriffe macht deutlich, dass der heutige Irrenarzt sich von jenem, den Kierkegaard 1843 erwähnt, kaum unterscheidet, liegt doch auch jetzt alles Gewicht auf der fachlichen Überlegenheit, die zugleich eine riesige Distanz schafft. Diese Distanz sucht der Psychiater deshalb, weil er sich, wenn auch uneingestanden, vor Ansteckung fürchtet. Denn wenn es zum Menschen als Menschen gehört, «sich im Grunde seines Seins zu ängstigen» (SZ, S. 190), dann stellen seelisch leidende Menschen aufgrund ihrer besonderen Nähe zur Angst eine latente Gefahr für all jene Menschen dar, die beruflich mit ihnen zu tun haben. Die von Kierkegaard als «feige» bezeichnete Sympathie entspringt darum dem ‹normalen› Schutzbedürfnis, das dem Therapeuten gebietet, sich jede «echte Sympathie» mit dem Patienten zu versagen.

Es spricht für die Sensibilität Binswangers, dass er in seinem Aufsatz «Der Mensch in der Psychiatrie» (1957) auf die Aussage Kierkegaards über den Irrenarzt Bezug nimmt und diese sogar ontologisch deutet, indem er erklärt, «dass wir den Wahnsinn nur verstehen vom *Grunde* unseres gemeinsamen menschlichen Loses aus, vom Grunde der condition humaine, wie die Franzosen sagen, oder, was auf dasselbe hinauskommt, wenn wir auch im Wahnsinnigen den *Mit-Menschen* sehen».[80] Mit diesem Satz gelingt es Binswanger in eindrücklicher Weise, das zu fassen, was allein echte Sympathie mit dem Patienten ermöglicht: das Wissen um das gemeinsame Los, Menschen zu sein. Denn nur dieses Wissen erlaubt es dem Therapeuten, beim Zuhören mit einem philosophischen Ohr in dem, was der Patient von sich erzählt, auch sich selbst zu erkennen.

d) Sympathie als Gefühl solidarischer Verbundenheit mit hellhörigen Menschen

Verbinden wir nun die Erkenntnis, dass der Therapeut sich beim Zuhören mit einem philosophischen Ohr immer auch selber in dem wiedererkennt, was der Patient erzählt, mit der Sympathie. Sie stellt sich genau deswegen beim Therapeuten von selbst ein, weil er in diesem Zuhören unweigerlich auf das stösst, was auch für ihn gilt – nicht für ihn als diese individuelle Person XY, sondern für ihn als Menschen. Er hört dann das, was Patient und Therapeut *als Menschen* miteinander verbindet, auch wenn jeder mit dem Schicksal, ein Mensch zu sein und das Leben unter den Bedingungen der *conditio humana* leben zu müssen, selber auf je seine Weise zu Rande kommen muss. Er stösst also auf das, was auch ihn ängstigt. Der Therapeut begibt sich beim Zuhören mit einem philosophischen Ohr unweigerlich in die Zone der Angst. Um sich damit nicht zu überfordern, sollte der Therapeut sich in der eigenen Lehranalyse nicht nur mit seinen individuellen Erfahrungen und damit verbundenen existenziellen Befürchtungen auseinandergesetzt haben, sondern auch mit den Grundbedingungen des Menschseins, und dadurch eine gewisse *Angsttoleranz* gewonnen haben. Fehlt diese, dann besteht die Gefahr, dass sich statt Sympathie unversehens ein Gefühl der Antipathie einschleicht, das psychoanalytisch den negativen Gegenübertragungsgefühlen zuzurechnen ist. – Auch das Zuhören mit einem philosophischen Ohr ist also nicht ohne Gefahren. Meldet sich beim Therapeuten ein Gefühl der Antipathie, dann weist ihn das darauf hin, dass ihn die Angst hinterrücks eingeholt hat, weil er sich ihr selber unbemerkt verschlossen hat. Im Gefühl einer Antipathie liegt also die Aufforderung, sich selber mit seiner Angst auseinanderzusetzen und/oder eine Kontrollanalyse mit einem geeigneten Kollegen aufzunehmen.

Die Sympathie als ontologische Schwester der Empathie

In der Psychoanalyse wird die *Empathie* grossgeschrieben, und das zu Recht. Die Sympathie kann und will die Empathie nicht ersetzen. Die Empathie bleibt unabdingbar, weil sie «den grössten Anteil an unserem Verständnis *für das Ichfremde anderer Personen*» hat.[81] In diesem Satz Freuds liegt die Erkenntnis, dass es Einfühlung darum braucht, weil jeder andere Mensch ein «Anderer» ist, der sich als Individuum von mir unterscheidet, mögen wir auch dieselbe Sprache sprechen und sogar in einem vergleichbaren Milieu aufgewachsen sein. Nur über mein Bemühen, mich in sein *individuelles Erleben und generell in seine individuelle Eigenart, die sich aufgrund seiner einmaligen Ge-*

schichte herausgebildet hat, einzufühlen, kann ich ihm *als Individuum* Gehör geben und kann seine Individualität auch ihm als einzigartig und darum wertvoll zurückspiegeln.

Die Sympathie gesellt sich zur Empathie immer dann hinzu, wenn ich als Therapeutin auch mit einem philosophischen Ohr zuhöre. Ich verstehe sie darum als die ontologische Schwester der Empathie. Die Sympathie knüpft ein besonderes Band zum Patienten. Er spürt irgendwie, dass der Therapeut sich auch als sein Schicksalsgefährte weiss, der ihn auf einer Reise auf dem Wasser begleitet, und zwar beide im selben Boot sitzend, weil sie dasselbe Los, Menschen zu sein, teilen.

Wenn der Patient merkt, worauf der Therapeut auch noch hört und wie er das Gehörte versteht, fühlt er sich nicht nur verstanden, sondern es verändert sich damit auch sein eigenes Verhältnis zu sich und seinem Leiden. Statt sich für sein Leiden zu schämen oder andere, insbesondere seine Eltern, dafür verantwortlich zu machen, wächst das Interesse an sich selbst. Er merkt, dass es nicht um seine Krankheit geht, sondern um ihn selbst sowohl als einmaliges Individuum wie als Menschen, und dass er nie so viel über sich erfährt, als wenn er bereit ist, sich auch in scheinbar belanglose Begebenheiten, die ihm emotional hängen geblieben sind, zu vertiefen und selber auch darauf zu hören, was er an ihnen oder durch sie über sich selbst erfahren hat. Damit wird er noch einmal offener für das, wofür er immer schon hellhörig war – jetzt aber nicht mehr als sprachlose Bedrohung, sondern als (philosophische) Bereicherung.[82]

Anmerkungen

1 Sören Kierkegaard (1844): *Der Begriff Angst*, Stuttgart (Reclam) 2003, S. 50, im Folgenden abgekürzt BA.
2 Aus Gründen der leichteren Lesbarkeit wird im Text verallgemeinernd das generische Maskulinum verwendet. Diese Formulierungen umfassen alle Personen; alle sind damit gleichberechtigt angesprochen.
3 Martin Heidegger (1927): *Sein und Zeit*, Tübingen (Niemeyer) ^{18}2001, im Folgenden abgekürzt SZ.
4 Wir finden diese Unterscheidung schon bei Sigmund Freud, der annimmt, dass zuerst immer eine «Angst» auftauche, zu welcher «Unbestimmtheit und Objektlosigkeit» gehören, diese Angst aber ein Objekt suche und dadurch sekundär zur «Furcht» werde; vgl. S. Freud (1926): «Hemmung, Symptom und Angst», in: Gesammelte Werke XIV, S. 198, Frankfurt/M. (Fischer) 1999, im Folgenden abgekürzt GW.
5 ICD-10 ^{6}2008, S. 168–176.
6 S. Kierkegaard (1849): *Die Krankheit zum Tode*, Stuttgart (Reclam) 1997, S. 13, im Folgenden abgekürzt KT.
7 Vgl. dazu Jean-Paul Sartre (1943): *Das Sein und das Nichts. Versuch einer phänomenologischen Ontologie*, hg. von T. König, Reinbek bei Hamburg (Rowohlt) 1993, S. 170 ff; im Folgenden abgekürzt SN.
8 Leo Tolstoi (1886): *Der Tod des Iwan Iljitsch*, Stuttgart (Reclam) 2008, S. 57 (kursiv von mir).
9 Siehe Teil III 2b) über das «hermeneutische Vertrauen».
10 Freud benutzt diesen Ausdruck erstmals 1895 in den «Studien über Hysterie», in: GW I, S. 86.

11 Ich klammere hier Heideggers Rede von einer «ausgehaltenen» und darum «eigentlichen» Angst aus, weil sie zum Verständnis des «Leidens an der Angst» nichts beiträgt, abgesehen davon, dass die eigentliche Angst Heidegger zufolge ohnehin nur «selten» und auch dann nur von kurzer Dauer ist (vgl. dazu SZ, S. 190; 222). Eine Erweiterung von Heideggers Angst-Verständnis entwickle ich in Kapitel III.3 über *Sympathie*.

12 Ich benutze den Begriff «krankheitswertig», um klarzustellen, dass der hier gewählte *hermeneutische* Zugang zu seelischem Leiden, der sich nicht innerhalb der medizinischen Leitkategorien «gesund» und «krank» bewegt, in keiner Weise unterstellen will, dass solche Symptome in medizinisch-psychiatrischer Perspektive nicht als krank, sondern als gesund zu werten wären.

13 Zu einer ausführlicheren Klärung beider Begriffe siehe: Alice Holzhey-Kunz: *Daseinsanalyse. Der existenzphilosophische Blick auf seelisches Leiden und seine Therapie*, Wien (facultas) 2014, S. 139–150.

14 Diese Bezeichnung habe ich bereits 1994 verwendet in: A. Holzhey-Kunz: *«Leiden am Dasein». Die Daseinsanalyse und die Aufgabe einer Hermeneutik psychopathologischer Phänomene*, Wien (Passagen) ²2001.

15 Freud erläutert den Begriff vor allem im Aufsatz (1914) «Erinnern, Wiederholen und Durcharbeiten», in: GW X, S. 129 ff.; in Teil II. Kap. 3c) wird das «Agieren» unter dem Begriff der «aktiven Verzweiflung» noch genauer erklärt.

16 Mit Schuld ist im Folgenden immer die Schuld*erfahrung* respektive das Schuld*gefühl* gemeint.

17 Das hat bei Heidegger damit zu tun, dass für ihn das «schlechte Gewissen» nur eine Verfallsform des eigentlichen «Gewissensrufes» ist, der zur Anerkennung der ontologischen Schuld aufruft. Dieser Ruf wird aber von Heidegger der Dimension des *Verstehens* und nicht der Befindlichkeit zugeordnet (vgl. SZ, S. 296).

18 S. Freud (1913): «Totem und Tabu», in: GW IX, S. 154–194; zit. aus: «Vorreden», in: GW XI, S. 328.

19 Hannah Arendt (1958): *Vita activa oder vom tätigen Leben*, München, Zürich (Piper) ⁷1992, S. 12.

20 Piet C. Kuiper (1991): *Seelenfinsternis. Die Depression eines Psychiaters*, Frankfurt/M. (Fischer) ⁸2003, S. 155.
21 Medard Boss: *Lebensangst, Schuldgefühle und psychotherapeutische Befreiung*, Bern (Huber) 1962.
22 In: S. Freud (1915): «Einige Charaktertypen aus der psychoanalytischen Arbeit», in: GW X, S. 389 ff.
23 Der Begriff der Hellhörigkeit wurde in Teil I im Kapitel über die Angst 1c) eingeführt.
24 Hubertus Tellenbach hat bereits 1961 eine differenzierte phänomenologische Analyse solcher Menschen vorgelegt und sie als «Typus Melancholicus» bezeichnet. In: *Melancholie. Problemgeschichte, Endogenität, Typologie, Pathogenese, Klinik*. 4. erw. Aufl., Berlin, Heidelberg, New York, Tokyo (Springer) 1983.
25 Die Psychoanalyse (Anna Freud, Sandor Ferenczi) bietet dafür den Ausdruck «Identifikation mit dem Aggressor» an. Allerdings wird diese Identifikation dort als Abwehr gegen eine unerträgliche Angst vor dem Aggressor interpretiert und nicht von einem inneren, schon vorbestehenden eigenen Schuldgefühl her verstanden. Ich schlage hingegen vor, die Identifikation mit dem Aggressor aus diesem vorbestehenden eigenen Schuldgefühl her zu verstehen. Aufgrund dieses Gefühls, in Wahrheit durch und durch schuldig zu sein, kann der Angegriffene nicht anders, als dem Angreifer recht zu geben. Darin liegt die Identifikation, die verbunden ist mit der Überzeugung, man habe den aggressiven Akt des Anderen verdient. Es ist darum auch nicht die Angst, die eine Gegenwehr verhindert, sondern das Gefühl, dazu gar kein Recht zu haben.
26 Vgl. dazu in diesem Buch Teil II die Ausführungen zu Kierkegaards Analyse der «ästhetischen Existenz» in Kapitel 3 über «Verzweiflung».
27 Max Scheler (1933): «Über Scham und Schamgefühl», in: *Schriften aus dem Nachlass*, Bd. 1, Bern (Francke) 1957, S. 132.
28 Ernst Tugendhat: «Die Rolle der Identität in der Konstitution der Moral», in: W. Edelstein, G. Nunner-Winkler und G. Noam (hg.): *Moral und Person*, Frankfurt/M. (Suhrkamp) 1993, S. 33–47.
29 Ich zitiere nach der Zürcher Bibel, 1954.

30 Nun hat auch *Lévinas* davon gesprochen, dass wir «für» den Anderen sind, allerdings in einem Sinn, der konträr ist zur Verwendung bei Sartre: Lévinas will nämlich *der (moralischen) Verantwortung für den Anderen* die erste Priorität geben. Damit setzt er den anthropologischen Akzent ganz anders als Sartre, für den die Ontologie und nicht die Ethik an erster Stelle steht. Während Lévinas insofern traditionell bleibt, als er vom jeweiligen Subjekt her denkt und dessen Für-Andere als aktive Zuwendung zum Anderen im Sinne einer positiven (ethischen) Fürsorge für ihn versteht, denkt Sartre ganz vom Anderen her: Dass ich «für» den Anderen bin, heisst dann, dass ich als Mensch in eine Welt geworfen bin, in welcher der Andere bereits da ist und mich anblickt, ohne dass ich diesem Blick entrinnen kann. – Umgangssprachlich ist uns der Sinn des «Für» bei Lévinas vertrauter, weil wir es gewohnt sind zu sagen: «Ich bin immer *für dich* da» oder «du kannst darauf zählen, dass ich *für dich* sorgen werde» usw. Vgl. dazu: Emmanuel Lévinas (1982): Wenn Gott ins Denken einfällt – *Diskurse über die Betroffenheit von Transzendenz*, Freiburg/München (Alber) 2004, S. 250–258.

31 Martin Altmeyer, Helmut Thomä (Hg.): *Die vernetzte Seele. Die intersubjektive Wende in der Psychoanalyse*, Stuttgart (Klett-Cotta) 2006.

32 Dazu mehr in Teil III. Kapitel 2a) über das personale Vertrauen.

33 ICD-10 Kapitel V (F), ^{6}2008, S. 171, kursiv von mir.

34 M. Scheler, a. a. O., S. 100; 103.

35 Aurel Kolnai (1929): *Ekel, Hochmut, Hass. Zur Phänomenologie feindlicher Gefühle*, Frankfurt/M. (Suhrkamp stw 1845) 2007, S. 7–65.

36 Winfried Menninghaus (1999): *Ekel. Theorie und Geschichte einer starken Empfindung*, Frankfurt/M. (Suhrkamp), S. 7.

37 Christoph Demmerling, Hilge Landweer: *Philosophie der Gefühle. Von Achtung bis Zorn*, Stuttgart, Weimar (Metzler) 2007, S. 109 f.

38 J.-P. Sartre (1938): *Der Ekel. Roman*, Reinbek bei Hamburg (Rowohlt) ^{58}2016, Zitat S. 149.

39 S. Kierkegaard (1843): *Die Wiederholung*, hg. von L. Richter, Reinbek bei Hamburg (Rowohlt) 1969, S. 62.

40 René Girard (1961): *Figuren des Begehrens. Das Selbst und der Andere in der fiktionalen Realität*, Münster (LIT) ²2012.

41 Ich beziehe mich auf die beiden Aufsätze «Über das Seelenleben des Kleinkindes» von 1960 (zit. I) und «Neid und Dankbarkeit» von 1958 (zit. II), beide abgedruckt im Sammelband Melanie Klein: *Das Seelenleben des Kleinkindes*, hg. von H. A. Thorner, Stuttgart (Klett-Cotta) ²1983.

42 R. Girard (1985): *Hiob – Ein Weg aus der Gewalt*, Zürich, Düsseldorf (Benziger) 1999, S. 71, 87.

43 R. Girard (1972): *Das Heilige und die Gewalt*, Frankfurt/M. (Fischer) ³1999, S. 215 (kursiv von mir).

44 Bei Girard dreht sich die Spirale der Gewalt noch eine Runde weiter, weil sich zum Hass auf den vermeintlichen Übeltäter nun auch eine Faszination für die Gewalt als solche hinzugesellt. Auch diese wachsende Faszination hat allerdings wieder mit einer Phantasie zu tun – der Phantasie, dass das «Sein» auf Grund seiner Exklusivität nur mittels Gewalt überhaupt zu gewinnen, die Gewalt also gleichsam der Königsweg zum «Sein» sei; in: *Das Heilige und die Gewalt*, a. a. O., S. 222; vgl. dort auch die interessante Deutung von Freuds ödipalem Wunsch des Sohnes als Mimesis des Vaters (S. 248–280).

45 Aristoteles: *Nikomachische Ethik*, V, 10 (1134 b 18–21); *Rhetorik*, I, 13, 2 (1373 b 4–11).

46 S. Freud (1937): «Die endliche und die unendliche Analyse», in: GW XVI, S. 59–99, 98 f.

47 Ich zitiere aus den beiden Schriften *Entweder – Oder*, Teil II (1843), München (dtv) ²1993 und: *Die Krankheit zum Tode* (1849), Stuttgart (Reclam) 1997.

48 Im Buch *Daseinsanalyse* von 2014 bringe ich die Attraktivität eines «Lebens im Hier und Jetzt» mit dem rasenden Tempo der Veränderungen in der heutigen Zeit in Zusammenhang, die den «flexiblen Menschen» im Sinne von Richard Sennett sowohl hervorbringt als auch braucht und darum bevorzugt. Flexibel ist, wer geschichtslos lebt und darum frei ist, sich heute für das eine zu engagieren und schon morgen wieder für etwas anderes verfügbar zu sein (vgl. Daseinsanalyse, S. 156–160).

49   In: S. Kierkegaard (1849): Die Krankheit zum Tode, a.a.O., S. 22; S. 78.

50   Dass heute die Vorstellung einer Selbstkreation möglich scheint, hat viel mit den Fortschritten der technischen Medizin, insbesondere der Schönheitschirurgie, zu tun, die frühere Wunschträume nach Veränderung der eigenen leiblichen Gestalt oder des eigenen leiblichen Geschlechts wahr werden lassen. Hinzu kommt, dass der Anti-Aging-Sektor einen grossen Teil der Konsumindustrie ausmacht.

51   S. Freud (1917): «Vorlesungen zur Einführung in die Psychoanalyse», GW XI, S. 294.

52   S. Freud (1914): «Erinnern, Wiederholen und Durcharbeiten», in: GW X, S. 29.

53   Darüber habe ich ausführlicher geschrieben in *Daseinsanalyse*, a. a. O., S. 169 ff.

54   In: Emmanuel Lévinas (1963): *De l'existence à l'existant*, Paris (Vrin) 1993, S. 50.

55   Die Zürcher Depressionsforscherin Brigitte Woggon hat darum ihrem Buch mit Zeugnissen depressiv Erkrankter den Titel *Ich kann nicht mehr wollen* (Bern, Huber 1998) gegeben.

56   S. Freud (1916): «Trauer und Melancholie», in: GW X, S. 428–446; zur Trauerarbeit S. 430.

57   Rüdiger Safranski: *Wieviel Wahrheit braucht der Mensch? Über das Denkbare und das Lebbare*, Frankfurt/M. (Fischer) 1993.

58   In: U. Beck / E. Beck-Gernsheim (1990): *Das ganz normale Chaos der Liebe*, Frankfurt/M. (Suhrkamp) ¹⁴2017.

59   Vgl. 1. Johannesbrief, Kap. 4, Vers 16: «Gott ist Liebe, und wer in der Liebe bleibt, der bleibt in Gott und Gott in ihm.»

60   Ludwig Binswanger (1942): *Grundformen und Erkenntnis menschlichen Daseins*, in: *Ausgewählte Werke*, Bd. 2, Hg. M. Herzog / H.-J. Braun, Heidelberg (Asanger) 1993.

61   In *Sein und Zeit* ist das Dasein nicht nur ein Neutrum, es fehlt ihm auch ein Leib, was ja die Voraussetzung wäre, die Sexualität in die existenziale Analytik des Daseins einzubeziehen.

62   Vgl. dazu das Kapitel «Der Ekel» in Teil II, Kap. 1a).

63 Niklas Luhmann (1968) erklärt darum, «Chaos und lähmende Angst» seien «die einzige Alternative zum Vertrauen», in: *Vertrauen. Ein Mechanismus der Reduktion sozialer Komplexität*, Konstanz, München (UVK) ⁵2014, S. 1.

64 Kirchenlied aus dem Jahre 1641.

65 Ute Frevert: *Vertrauensfragen. Eine Obsession der Moderne*, München (Beck) 2013, S. 209 ff.; 218.

66 In: Ingolf U. Dalferth, Simon Peng-Keller: «Hermeneutische Annäherung an Konzeptionen und Phänomene des Grundvertrauens», in: Dies. (Hrsg.): *Grundvertrauen. Hermeneutik eines Grenzphänomens*, Leipzig (Evang. Verlagsanstalt) 2013, S. 30.

67 Emil Angehrn: «Grundvertrauen zwischen Metaphysik und Hermeneutik. Vom Seinsvertrauen zum Vertrauen in den Menschen»; in: Dalferth, Peng-Keller (Hrsg.): *Grundvertrauen*, a. a. O., S. 161–185; 166.

68 Erik. H. Erikson (1959): «Wachstum und Krisen der gesunden Persönlichkeit», in: *Identität und Lebenszyklus*, Frankfurt/M. (Suhrkamp stw 16) 1973, S. 63.

69 Otto Rank (1924): *Das Trauma der Geburt und seine Bedeutung für die Psychoanalyse*, Frankfurt/M. (Fischer) 1988.

70 Siehe dazu Ursula Renz: *Was denn bitte ist kulturelle Identität? Eine Orientierung in Zeiten des Populismus*, Basel (Schwabe reflexe 57) 2019.

71 Wolfgang Blankenburg: *Der Verlust der natürlichen Selbstverständlichkeit. Ein Beitrag zur Psychopathologie symptomarmer Schizophrenien*, Stuttgart (Enke) 1971.

72 Blankenburg spricht vom mangelnden Rechtsgrund für ihr eigenes Handeln (S. 101), was auch das eigene Verstehen einschliesst.

73 Thomas Fuchs hat seine Überlegungen zum impliziten Wissen des Leibes in vielen Aufsätzen vorgelegt. Ich erwähne hier nur seine beiden Aufsätze zur «Psychopathologie der Hyperreflexivität»; in: *DZ-Phil* 59 (2011) 4, S. 565–576; und in: *Bulletin GAD* 2019.1, S. 8–19.

74 Ich beziehe mich auf den Artikel in *Psyche* 4/2017 (S. 275–305) von Peter Fonagy und Chloe Campbell: Böses Blut – ein Rückblick: Bindung und Psychoanalyse, 2015*.

75 Paul Tillich (1952): *Der Mut zum Sein*, Berlin/München/Boston (de Gruyter) ²2015; Otto Friedrich Bollnow (1955): *Neue Geborgenheit. Das Problem einer Überwindung des Existenzialismus*, in: *Schriften*, Bd. 5, Würzburg (Königshausen u. Neumann) 2011.

76 Zitiert wird aus: Viktor E. Frankl (1985): *Der Mensch vor der Frage nach dem Sinn*, München, Zürich (Piper) ⁶1988.

77 V. E. Frankl (1977): *... trotzdem Ja zum Leben sagen. Ein Psychologe erlebt das Konzentrationslager*, München (dtv) ⁷1988.

78 Folgerichtig weist Heidegger in § 44 über die Wahrheit nach, dass das Dasein «gleichursprünglich in der Wahrheit und Unwahrheit» sei (SZ, S. 223). Darin unterscheidet sich die existenziale Anthropologie Heideggers von derjenigen Sartres. Sartre geht davon aus, dass der Mensch seine Nichtigkeit (das «Nichts im Sein») um jeden Preis überwinden will. Deshalb ist der Mensch grundsätzlich vom Seinswunsch (dem *désir d'être*) angetrieben, der immer nach Erlösung von der Gebrochenheit menschlichen Existierens strebt, sei es als Wunsch, eine in sich geschlossene Einheit zu werden wie die blossen Dinge, oder aber als Wunsch, vollkommen zu werden wie Gott (SN, S. 971). Darum lässt sich zwar von Sartre viel für die Psychopathologie lernen, aber therapeutisch lässt sich nicht an Sartre anknüpfen, obwohl er, im Unterschied zu Heidegger, ein grosses Interesse für die Psychoanalyse gezeigt und sogar selber eine «existenzielle Psychoanalyse» entworfen hat (SN, S. 956–986). Diese Psychoanalyse dient aber keinem therapeutischen Zweck, sondern bildet für Sartre die Grundlage für seine Deutungen in den biographischen Werken über Baudelaire (1947), Genet (1952) und Flaubert (1971).

79 Die Zitate stammen aus: Freud (1917): «Vorlesungen zur Einführung in die Psychoanalyse», in: GW XI, S. 451; und: (1937) «Die endliche und die unendliche Analyse», in: GW XVI, S. 94.

80 L. Binswanger (1957): «Der Mensch in der Psychiatrie», in: *Ausgewählte Werke*, Bd. 4, Hg: A. Holzhey-Kunz, Heidelberg (Asanger) 1994, S. 57–72; 57 f.

81 S. Freud (1921): «Massenpsychologie und Ich-Analyse», in: GW XIII, S. 119, kursiv von mir.

82 Dies ist genauer ausgeführt in: *Daseinsanalyse*, a. a. O., unter IV.6.4 Philosophische Erfahrungen *machen*, S. 261 ff.

Das Signet des Schwabe Verlags
ist die Druckermarke der 1488 in
Basel gegründeten Offizin Petri,
des Ursprungs des heutigen Verlagshauses. Das Signet verweist auf
die Anfänge des Buchdrucks und
stammt aus dem Umkreis von
Hans Holbein. Es illustriert die
Bibelstelle Jeremia 23,29:
«Ist mein Wort nicht wie Feuer,
spricht der Herr, und wie ein
Hammer, der Felsen zerschmeisst?»

Herstellerinformation:
Schwabe Verlag, Schwabe Verlagsgruppe AG,
Grellingerstrasse 21, CH-4052 Basel, info@schwabeverlag.ch

Verantwortliche Person gem. Art. 16 GPSR:
Schwabe Verlag GmbH,
Marienstraße 28, D-10117 Berlin, info@schwabeverlag.de